Sam Keen

Das Feuer im Herzen entfachen

Sam Keen

Das Feuer im Herzen entfachen

Die Kraft der Spiritualität

Aus dem amerikanischen Englisch übersetzt
von Bernardin Schellenberger

KREUZ

Die amerikanische Originalausgabe ist erschienen unter dem Titel:
»In the Absence of God. Dwelling in the Presence of the Sacred«

This translation published by arrangement with Harmony Books, an imprint of The Crown Publishing Group, a division of Random House, Inc.
Die Bibelzitate sind der Herder-Bibel, Freiburg im Breisgau 2005, entnommen.

www.kreuz-verlag.de

Satz: de·te·pe, Aalen
Herstellung: fgb · freiburger graphische betriebe
www.fgb.de

Gedruckt auf umweltfreundlichem, chlorfrei gebleichtem Papier
Printed in Germany

ISBN 978-3-451-61021-9

Inhalt

Prolog:
Das von Gott geschaffene Vakuum

Im Herzen eines jeden Menschen befindet sich ein von Gott geschaffenes Vakuum, das durch nichts Erschaffenes erfüllt werden kann als allein durch Gott, den Schöpfer, so wie er sich in Christus offenbart.

Blaise Pascal

Wenn ich unter mein vordergründiges Denken hinuntergrabe, das sich mit Pizza, Zeitungsausschnitten und dem Steigen und Fallen des Dow Jones-Index zerstreut, so lege ich Ruinen alter Wohnstätten frei oder ein Haus, einen Tempel, einen Marktplatz. Das alles war einmal unverbrüchlich und wurde mit Hingabe gepflegt.

Ich fange zu stolpern an, werde unsicher, weil der Boden unter mir schwankt. Mein Geist durchstöbert Schutt, abgelegte Überzeugungen, verbrauchte Glaubensvorstellungen, zerbrochene Hoffnungen, zertrümmerte Illusionen, Knochenreste gescheiterter Helden und falscher Erlöser.

Sokrates, der alte Verführer, lehrte mich eine dialektische, dialogische Denkweise, eine endlose Annäherung. Aber ich gelangte nie bis zur verheißenen Schau des Guten, Schönen und Wahren.

Ich glaubte an Jesus Christus, soweit ich das mit Herz, Verstand und Seele nur konnte, aber er schaffte es nicht, mich von der Allmacht des Todes und der Angst vor dem Nichtsein zu erlösen.

Ich setzte mein Vertrauen auf Freud, dass er mir eine Unterwelt erschließe (die wirklich zu fassen weder ihm noch mir gelang), aus der ich verwundet zurückkehrte, mit wenig mehr erlösender Weisheit als der Aufforderung, mich anzustrengen und die Tugenden der Liebe und Arbeit zu üben.

Marx, an den ich nie glaubte, lehrte mich mehr, als er ahnte, die Gefahr aller Utopien und ließ mich mit der bitteren Wahrheit zurück, dass ich und die gesamte Bourgeoisie mehr von der Gier nach Macht und Profit umgetrieben werden als von der Liebe zur Gerechtigkeit.

Meiner reinen Vernunft müde, träumte ich vom dunklen Königreich des Dionysos, von einer Orgie der Sinne, um die bleichen Abstraktionen des Geistes beiseite zu wischen. Aber ich lernte schon bald, was Apollo weiß: Ordnung kann süß, Disziplin ein Weg zum Genuss sein.

Soll ich trauern und alles wieder aufbauen? Den Schutt abräumen, den Grund planieren, ein solides Fundament legen für ein neues Haus, um darin meinen Geist einzuquartieren?

Wo immer ich stehe, poltern tektonische Platten. Ich bin erdbebengefährdet, bin nicht besonders versicherungstauglich.

Da denke ich, ist es besser, in der Wüste unter freiem Himmel zu hausen, nach verborgenen Oasen Ausschau zu halten, eine Feuerstelle herzurichten, ein Feuer zu entzünden, den Sonnenaufgang zu genießen, den Mittag, das Mondlicht, einen Zug kanadischer Gänse, ein Ameisenreich nur in Armeslänge von mir entfernt, den Trost einer Berührung, die Sprache der Blicke, des Lächelns, des Lachens, der Tränen – heilige Augenblicke.

Ich will dankbar sein für die Myriaden von Anzeichen, dass in der Abwesenheit und in meiner endlosen Sehnsucht ein »G.« von ganz anderer Art anwesend ist. Amen.

Wir, die keine traditionelle Religion befriedigen konnte, haben unser Leben mit der Suche nach einer Rose verbracht. Aber wir schaffen es höchstens, einen Raum zu betreten, der noch vom Duft einer Rose erfüllt ist, die entfernt wurde, ehe wir herkamen. Gott können wir nicht einfach im Haus unserer Sehnsucht finden, aber dennoch bleiben wir in seinem Bann. Gottes fehlende Anwesenheit hallt durch die leeren Räume. In der Leere hören wir ganz schwach die Hymnen eines alten

Glaubens, für den wir keinen Platz mehr haben zwischen den endlosen Quarks, Wellen und subatomaren Partikeln, auf die die Wissenschaft gestoßen ist. Wir leben in einem von Gott geschaffenen Vakuum. Das, was nicht mehr anwesend ist (aber auch nicht vollkommen abwesend), gibt unseren Wünschen und Sehnsüchten immer noch seine Gestalt.

Obwohl Abwesenheit und Sehnsucht ewig zu sein scheinen, kennt die historische Gezeitenwelle Ebbe und Flut. Derzeit scheint sie sich zurückgezogen und ihr Treibgut von Nihilismus und Gewalttätigkeit am Ufer abgelagert zu haben. Sie lässt uns ohne eine Vision des Heiligen dastehen, die wir brauchen würden, um eine hoffnungsvolle Gesellschaft gestalten zu können. Wir leiden unter einer spirituellen Auto-Immunerkrankung. Weil uns die Gegenkörper des Glaubens fehlen, die uns vor der Verzweiflung bewahren könnten, richten wir die Aggression gegen uns selbst.

Wir stecken in der Falle eines Lebens, das es kaum noch zulässt, für das umfassende Mysterium jenes Seins achtsam zu sein, das traditionellerweise mit den zehntausend Namen Gottes umschrieben wird. Viele von uns spüren den Verlust dieses Gottes, der abwesend ist, und wir empfinden darüber Entrüstung. Man kann diese Entrüstung aus den Stimmen der neuen Nichttheologen heraushören, die die Gewalttätigkeit des religiösen Fundamentalismus verdammen, aber wütend darüber sind, dass ein Gott, an den sie nicht glauben, keine Holocausts verhindert und keine verifizierbaren Beweise seiner Existenz liefert. Es tut weh, sich dessen bewusst zu sein, was fehlt, aber die Erfahrung der Sehnsucht sollte man nicht leugnen, zudecken oder ruhigstellen. Es könnte sein, dass wir genau von diesem Ausgangspunkt her einen Weg zum Neuwerden finden.

Unsere Erfahrung der Abwesenheit beruht stark auf einer alten Erinnerung an die Anwesenheit. Der Ausgangspunkt und die Verheißung dieses Buches sind: Falls wir den Mut haben, geduldig auf der Grenze zwischen Agnostizismus und Glaube zu warten und auf die falschen Gewissheiten zu verzichten, die uns vom Gott der traditionellen Religion versprochen werden (einem Gott, dessen Natur und Namen die »wahren Gläubigen« zu kennen sich anmaßen), könnte es sein, dass wir uns vom »G.« der Mystiker umfangen finden, der letzten Wirklichkeit, die alle Wesen mit Energie erfüllt, aber nur von der hauchzarten Sprache von Mythos, Metapher und Poesie benannt werden kann. (Hier sei angemerkt: Ich werde durchweg weiter die Schreibweisen »Gott« und »G.« verwenden, um die traditionelle Religion von der mystischen zu unterscheiden; die gemeinte Wirklichkeit ist mit keinem Begriff zu fassen, sondern kann nur mit einem Nicht-Begriff angedeutet werden.) Ich werde aufzeigen, dass wir uns nur dann, wenn wir die elementaren Emotionen wiederentdecken, die die Erfahrung des Heiligen begleiten – Staunen, sich Wundern, Dankbarkeit, Furcht, Freude, Trauer, Ehrfurcht, Ermächtigung, Berufung, Mitleiden, Wut, Hoffnung, Demut, Vertrauen –, vielleicht wieder in der Gegenwart eines unerkennbaren, aber allgegenwärtigen »G.« vorfinden können.

> *Halte eine Muschelschale ans Ohr und du hörst das an- und abschwellende Rauschen des Urmeers.*
>
> Sandor NcNab

1. Kapitel

Götzenverehrung und profane Ideologien

Stetig sich windend im sich weitenden Kreis
Kann der Falke den Falkner nicht hören;
Auseinander fällt alles; die Mitte kann es nicht halten.
Nichts als Anarchie kommt über die Welt.
Heran rauscht die blutverdunkelte Woge, und überall
Ertränkt sie die Zeremonie des Unschuldigseins.
Den Besten fehlt jede Überzeugung, die Schlimmsten
Sind voller leidenschaftlichen Überschwangs.

W. B. Yeats

Die heutige Welt ist größtenteils hin- und hergerissen zwischen gewalttätigen Göttern und seelenlosem Wirtschaftsdenken, dogmatischer Religion und profaner Leere. Der ehrwürdige Name eines alten Gottes wird dazu verwendet, den Krieg und die dämonischen Projekte von Stämmen, Nationen und Weltreichen zu heiligen. Technische Intelligenz bedroht die gesegnete Erde. Das Heilige ist verdunkelt, unsere spirituelle Landschaft entheiligt. In dieser verwirrenden Zeit tut man sich mit Religion schwer.

In den letzten Jahrzehnten des 20. Jahrhunderts ließen wir uns von den optimistischen Vorhersagen ermutigen, wir seien auf dem Weg zu sozialem, wirtschaftlichem und technischem Fortschritt. Wir hatten gemeint, nach schätzungsweise hundert Millionen Toter, die unsere von Kirche und Staat abgesegnete Gewalttätigkeit verursachte, hätten wir die Utopien durchschaut, die uns die herkömmliche Religion und die säkulare Ideologie versprachen. Aber wir täuschten uns.

In Wirklichkeit erleben wir das Wiederaufleben von militantem Fundamentalismus, heiligem Krieg und Theokratie. In diesem neuen Jahrtausend haben radikale religiöse Fanatiker aller Überzeugungsrichtungen bereits Millionen Unschuldiger hingemetzelt. Die alten Halbgötter der Stämme und Weltreiche, die Gottheiten der Herren und die politischen Götzen sind wiedergekehrt. Wieder hören wir die dämonische Behauptung, es sei an der Zeit, uns zu erheben und die Bösen zu zerschmettern – die Hutus, Serben, Amerikaner, Araber, Juden, Muslime und Christen. Allzu rasch haben wir vergessen, dass die Rede von Gott und Land, von Ungläubigen und Achsen des Bösen lediglich Ausdruck eines politischen Götzendienstes ist und nur die Ermordung der anderen rechtfertigen soll.

Statt dass wir alle gemeinsam unsere globalen Probleme anpacken – Armut, Ungerechtigkeit, Hunger, Umweltzerstörung und die Vermehrung der Massenvernichtungswaffen und Kleinwaffen –, malen sich inzwischen unzählige Millionen von Christen, Juden und christlichen Zionisten aus, die spirituelle Erneuerung werde in Form der Apokalypse eintreten, die stattfinden werde, sobald alle Juden nach Jerusalem zurückgekehrt seien. Über die Hälfte aller Amerikaner glauben, dass die im Buch der Offenbarung vorausgesagten Endzeit-Ereignisse bald eintreten werden. Von denen, die davon überzeugt sind, dass Harmageddon gleich um die Ecke liegt, glauben 47 Prozent, dass der Antichrist jetzt auf der Erde sei, und 45 Prozent glauben, Jesus werde noch zu ihren Lebzeiten wiederkommen. Für diese Gläubigen ist die Zukunft klar: Mit dem Antichrist an der Macht wird das Leben auf der Erde für die Zurückbleibenden zur Hölle werden, aber im letzten Augenblick wird Jesus wiederkommen und seine wiedergeborenen Kinder daraus entrücken. Die Gräber der Geretteten werden sich öffnen; Familien werden vom Esstisch weggeholt, Piloten aus ihren Flugzeugen gepflückt und Liebende mitten aus dem Liebesakt herausgerissen werden. Nach einem schrecklichen Krieg, in dem die meisten Erdbewohner sterben werden, wird Christus zum dritten Mal kommen, tausend Jahre lang über die Erde herrschen und sie in ein Goldenes Zeitalter allumfassenden Friedens überführen. Nach dem tausendjährigen Reich Christi wird die Weltgeschichte ihr Ende haben und es werden ein neuer Himmel und eine neue Erde folgen.

Die Eschatologie der Muslime ist kaum weniger dramatisch. Sie konzentriert sich auf das Erscheinen des Mahdi, einer Messiasgestalt, in der die schiitischen Muslime den Verborgenen Imam sehen, der dem Leiden der Muslime ein Ende setzen und auf die Welt Gerechtigkeit bringen wird. Überraschenderweise wird in der islamischen Version der Endzeit auch Jesus einen Kurzauftritt haben. Laut Koran wird er wiederkehren und den Antichrist vernichten. Dann wird der Mahdi die Ausbreitung des Islams vollenden und das Kalifat wiederherstellen. Der bewaffnete radikale Flügel des Islams erwartet, er könne mit der Hilfe des Mahdi oder auch ohne sie den gottlosen Westen besiegen und eine globale islamische Ordnung einrichten.

Angesichts der im Namen der Religion verübten blutigen Gewalttaten werden sich vernünftige Menschen natürlich fragen, warum sie irgendetwas damit zu tun haben sollten. Aber leider haben die säkularen Ideologien unserer Zeit, die mit der Religion im Wettstreit um unsere Herzen und Köpfe liegen, ihre eigene fantastische Endzeit-Vision geschaffen. Den unerlösten säkularen Optimisten verheißt der Fortschrittsmythos immer noch eine strahlende, wenn nicht utopische Zukunft. Der neue Urbeweger, der uns ins globale Reich von Milch und Honig führen wird, ist nicht mehr Gott, sondern ein globales Konsortium. Die verheißene Alabasterstadt, die keine Menschenträne verunziert, nimmt in den Einkaufsparadiesen bereits Gestalt an.

Die Amerikaner sind zutiefst schizophren, gespalten zwischen ihrer Erwartung der Wiederkehr Jesu und der Hoffnung auf den kommenden Triumph der liberalen Demokratie. In diesem Land der Fernsehevangelisten und Wal-Mart-Einkaufszentren vertragen sich Fundamentalismus und Moderne friedlicher als Demokraten und Republikaner. Und das Beste an der siegreichen Zukunft, die die Fortschrittsevangelisten versprechen, ist, dass sie bereits da ist! Francis Fukuyama behauptete in seinem Buch *Das Ende der Geschichte*, die liberale Demokratie sei die endgültige Regierungsform, die Spitze der ideologischen Evolution der Menschheit. Sie habe im letzten Jahrhundert alle ihre Rivalen besiegt: die Monarchie, den Faschismus und den Kommunismus. Das stelle den positiven Beweis dar, dass sie das säkulare Utopia sei, auf das hin sich die gesamte Menschheit mühsam fortbewegt habe. Wir seien die Letzten, die Erwarteten, der Gipfelpunkt der dialektischen Entwicklung der Geschichte. Fukuyama sagte es so: »Wenn wir über die liberale Demokratie und die freien Märkte hinausblickten, sahen wir nichts Weiteres, auf das hin wir hätten erwarten können, uns zu entwickeln, denn sie sind das einzige politische System, das die Sehnsucht der Einzelnen nach Anerkennung und Würde stillt. Von daher ist dies das Ende der Geschichte.«

Trotz jüngster Rückschläge auf dem Weg zu Utopia hält die große Mehrheit der Amerikaner hartnäckig an ihrem Glauben fest, dass Amerika einmalig sei und es schließlich wieder zu einer Wirtschaftskraft finde, die es ermögliche, uns eines grenzenlosen Konsums und einer Militärmacht zu erfreuen, die ausreiche, um die einzige Supermacht der Welt zu bleiben. Wir mögen derzeit darniederliegen, aber binnen Kurzem, so glauben viele, werden wir wieder auf die Beine kommen. Die Wahl des US-Präsidenten Barack Obama wurde 2008 mit Parolen gewonnen, die den unverwüstlichen Optimismus der Amerikaner ausstrahlten: *»Change! Hope! Yes we can!«* (»Wandel! Hoffnung! Ja, wir schaffen's!«)

Aber dieser reflexartige Optimismus verkennt eine Menge von Problemen (eine Menge Sünden?). Wir leben dank des Erbes eines reichen Paten, dessen wir uns kaum mehr bewusst sind. Das »Zivile« unserer Zivilisation wurde von Generationen geschaffen, deren religiöse Institutionen sie lehrten, dass es Gott sei, der die Goldene Regel und die unveräußerlichen Bürgerrechte eingeführt habe. Und die Zivilreligion trichterte den Menschen die Tugenden der Sorge um unseren Nächsten und des Opfers für das Gemeinwohl ein. Aber unser Erbe ist so gut wie ausgeschöpft.

Es ist zweifelhaft, ob die Imperative, die sich aus dem modernen Säkularismus ergeben, eine Zivilgesellschaft erschaffen können. Wie kann eine Konsumwirtschaft Opfer, Großherzigkeit und den Einsatz von Zeit und Energie zugunsten der Jungen rechtfertigen? Woher kann in einer Kultur, die Leistungsfähigkeit, Geschwindigkeit, Profit und Konsum anbetet, das Gebot kommen, einander zu lieben und Mitgefühl mit den Kranken, Arbeitslosen, Obdachlosen oder Alten (d. h. »Nutzlosen«) zu haben? Ich kann nicht anders als mich fragen, ob die Vorstellung einer säkularen Zivilisation nicht ein Widerspruch in sich ist, ein gescheiterter Traum der Aufklärung.

Wenn aber ein solches Gespür für das Heilige fehlt, was wird dann die Quelle von Mitleid, Opfer und Sorge umeinander sein können, wo doch ohne dies alles kein Allgemeinwohl möglich ist? Wie sollen wir Werte entdecken, die über die selbstsüchtigen Interessen des Egos, der Familie, des Stammes, des Konzerns und der Nation hinausgehen? Wie sollen wir das Mitleid mit dem Fremden lernen? Woher sollen wir das Gefühl der Ehrfurcht vor dem Leben haben, das die Grundlage des Wunsches nach dem Erhalt unserer Umwelt ist?

Können wir vernünftigerweise hoffen, dass multinationale Konzerne ein Herz bekommen, so wie der Blechmann in der Geschichte vom »Zauberer von Oz«, und anfangen, sich mehr Sorgen um das Gemeinwohl zu machen als um den Nettogewinn? Können wir vernünftigerweise hoffen, dass Politiker und Journalisten so wie die Vogelscheuche in dieser Geschichte ein Gehirn bekommen und der Öffentlichkeit komplexe Sachverhalte erklären, statt nur Sündenböcke und Feinde zu erfinden? Können wir vernünftigerweise hoffen, dass das militärische Establishment so wie der Löwe in dieser Geschichte damit aufhören wird, sich hinter Frauen und Kindern zu verstecken und in der Kriegsführung »akzeptable Kollateralschäden« einzukalkulieren, und stattdessen den Mut bekommen wird, Friedensstifter zu werden? Können wir vernünftigerweise hoffen, dass technikbegeisterte Forscher und Ingenieure das soziale Gewissen entwickeln werden, sich nur noch auf kreative Innovationen zu konzentrieren, die nicht als Massenvernichtungswaffen zu gebrauchen sind? Können wir vernünftigerweise hoffen, dass die Verbraucher lernen, was es heißt, »es reicht« zu sagen und auf den Kauf von Luxusgütern verzichten, bis alle das Notwendige haben? Können wir vernünftigerweise hoffen, dass die selbstgefällige Mehrheit der guten Christen, guten Juden, guten Muslime und guten Hindus fordern wird, ihre Führer sollten damit aufhören, die Gewaltakte der Staaten und des Dschihad abzusegnen, um eine Gemeinschaft des Mitgefühls und Friedens für alle Lebewesen zu entwickeln?

In der Geschichte vom »Zauberer von Oz« kann Dorothy nur dann nach Hause finden, wenn der Blechmann sein Herz und die Vogelscheuche ihr Gehirn bekommt und der Löwe seine Angst verliert. Wenn wir nicht wieder die Tugenden der Ehrfurcht und Rücksichtnahme entdecken, sieht unsere Zukunft auf diesem Planeten düster und brutal aus – und wird recht kurz sein. Andrew McMurray vertrat in einem brillanten und bestürzenden Artikel mit dem Titel »Die langsame Apokalypse: Eine Theorie vom schrittweisen Niedergang der Welt«, die These, dass die vier apokalyptischen Reiter der modernen Apokalypse – Waffenhandel, Umweltzerstörung, Sinnkrise und bösartige globale Wirtschaft – bereits rücksichtslos über die Erde galoppierten. Die Pilzwolke türme sich bereits über uns auf; unseren führenden Nationen fehle der kollektive Wille, etwas gegen unsere prekäre Situation zu tun. Er kam zum Schluss, dass unsere hyper-komplexe Zivilisation womöglich eine Sackgasse der Evolution sei.

Aber bevor wir angesichts dieses trostlosen Szenarios die Hoffnung verlieren, sollten wir uns nach einer hoffnungsvollen Alternative zu dem unablässigen Angriff auf einen als Geisel genommenen Gott und zu einem nihilistischen Säkularismus umsehen. Gibt es einen Ausweg aus dieser Vorhölle für diejenigen, die nicht an jene Wunder, Geheimnisse und Autoritäten glauben können, die eine institutionelle Religion bietet, und die sich auch nicht in der Lage sehen, in der spirituellen Armut unserer Wirtschaftsideologie zu gedeihen?

Ich möchte behaupten, es gibt einen solchen Ausweg; aber wir müssen wissen, wo er zu finden ist.

Überraschenderweise dürfte sich die Neuorientierung am wahrscheinlichsten daraus ergeben, dass wir neu verstehen, was im Kern der Religion steckt. Die Vision, die uns abgeht, ist uns nicht verloren gegangen; wir haben sie nur vergessen. Sie schlummert in der Pfahlwurzel, der die Religion ursprünglich entspross: im kaleidoskopartigen Reichtum unserer Erfahrung des Heiligen. Wir haben sie nur an lauter falschen Orten gesucht.

Das Wort »Religion« deckt ein weites und vernebeltes Gelände ab. Es versammelt unter dem gleichen Oberbegriff friedliebende Quäker und gewalttätige Dschihadisten, stille Pietisten und marktschreierische Zeltmissionare, Rock-and-Roll-Megakirchen und einsame Mönche. Bei jeder näheren Untersuchung der Religion kommt man zum Schluss, dass sie sowohl die besten als auch die schlimmsten Unternehmungen des Menschen umfasst. Auf den folgenden Seiten will ich versuchen, die formalistischen Verkrustungen von der Religion abzulösen und das Fleisch freizulegen, das lebendige Herz dieser Wirklichkeit, die Erfahrung, an der alle authentisch religiösen Menschen teilhaben: dass sie in einer Welt leben, die sie als heilig erfahren.

Jede der großen Weltreligionen Buddhismus, Judentum, Christentum und Islam ist ein Geflecht aus vier Strängen: einer Ursprungserfahrung, einer mythischen Erzählung, einer Theologie und einer Institution. Am Anfang erfuhr jeweils ein einzelner Mensch – Buddha, Mose, Mohammed, Jesus – eine Begegnung mit dem Numinosen, die ihn mit dem Empfinden einer neuen Kraft und eines neuen Sinns erfüllte; aus einem brennenden Dornbusch oder aus den Tiefen seiner Seele sprach eine Stimme zu ihm. Nach dieser Erfahrung, die das Leben dieser bahnbrechenden Menschen von Grund auf veränderte, teilten sie ihre Einsichten mit einigen anderen Menschen, die ihre Jünger wurden und aus der Geschichte ihres Meisters eine zusammenhängende Erzählung gestalteten.

Im Lauf der Zeit entstanden dann aus dieser Erzählung heilige Schriften, Glaubensformeln und Theologien. Nach und nach wurden die Urerfahrungen des Heiligen in Tempeln, Kirchen, Moscheen und Synagogen in die Form von Riten, Ritualen und Geschichten gebracht, und ihre jeweiligen Vertreter behaupteten, sie verfügten über die definitive Erfahrung des transzendenten Gottes. Oder wie es Emerson ausdrückte: In der ersten Generation waren die Menschen golden und die Becher hölzern; in der zweiten Generation waren die Becher golden und die Menschen hölzern. In dem Maß, in dem eine Religion die Aufmerksamkeit und Verehrung ihrer Gläubigen auf die offizielle Erzählung, die Theologie und die liturgischen Praktiken der Institution konzentriert, verdunkelt sie die Ur-Erfahrung des Heiligen, auf die wir alle kraft unserer Geburt ein Anrecht haben.

Grob gesprochen gibt es die institutionelle Religion in drei Spielarten: einer konservativen, reaktionären und progressiven. Die Konservativen stellen weltweit die Mehrheit der Gläubigen; sie ziehen aus dem Glauben ihrer Väter eine stille Stärke und großen Trost. Sie empfinden wenig Bedürfnis, die ihnen altvertraute Erzählung abzutun. Die Erfahrung des Heiligen bleibt innerhalb der schützenden Mauern konservativer Synagogen, Kirchen, Moscheen und Tempel in unterschiedlichem Maß lebendig und wohlauf. Aber die Gefahr des Konservativismus ist es, dass er dazu neigt, den Status quo zu erhalten. Er ermutigt zum unkritischen Festhalten an der Tradition und rät von der kritischen Untersuchung der heiligen Schriften und der Politik des Establishments ab. Unter Druck wird er reaktionär.

Reaktionäre und Fundamentalisten machen ihre Behauptungen über die Wahrheit an Schrifttexten fest, die sie aus ihrem Zusammenhang reißen. Sie dulden keine Infragestellung der Autorität ihrer Auslegungen oder ihrer geistlichen Führer. Da sie fest davon überzeugt sind, die einzig wahre Religion zu haben, befürworten sie oft die Schaffung einer Theokratie, welche die von Gott offenbarten Gesetze durchsetzt – also eine globale islamische Ordnung, einen jüdischen Staat oder eine christliche Republik. In ihrem Eifer, ihre Gottesvorstellung durchzusetzen, erklären sie ihre Gewaltanwendung für heilig und führen heilige Kriege. Ihnen fehlt es spürbar an Fantasie, Sinn für Humor und der Fähigkeit der Selbstkritik.

Progressive schätzen die Symbole, Erzählungen, Mythen und Lehren ihrer Tradition, aber sie nehmen sie nicht wörtlich. Folglich respektieren sie andere Traditionen und pflegen den interreligiösen Dialog. Progressive Menschen waren führend darin, historische und kritische Ansätze zum Verständnis ihrer heiligen Schriften zu entwickeln, die Sprache der alten Mythen in moderne Entsprechungen zu übersetzen und das Wesentliche der Religion auf die spirituelle Suche des Einzelnen zu verlegen, auf die Erfahrung der Gemeinschaft und den Kampf um soziale Gerechtigkeit.

Von dieser progressiven Tradition, von der Wiederentdeckung der persönlichen Begegnung mit dem Heiligen im gewöhnlichen Leben und vom veränderten Stellenwert der religiösen Autorität her können wir am ehesten eine Erneuerung des religiösen Bewusstseins erwarten.

Im Begriff »Autorität« stecken die Diagnose und die Therapieanleitung für die Krankheit, mit der autoritäre Religionen und politische Systeme naiv gläubige Menschen anstecken. Eine »Autorität«, das ist jeder Mensch oder jede Institution, die den Anspruch erheben, die »Autoren« der Geschichte, des Mythos, der Erzählung und der Werte zu sein, nach denen wir leben sollten. Soll die Religion wieder lebendig werden, so kann das also nur geschehen, wenn Einzelne sich nicht bloß auf sie, sondern auf die »Autorität« ihrer eigenen Erfahrungen des Heiligen berufen und Erzählungen schaffen, die es ihnen ermöglichen, diese Erfahrungen mit anderen Mitgliedern ihrer Gemeinschaft zu teilen.

Die Religion ist eine gewaltige Quelle entweder der Verzweiflung oder der Hoffnung, je nachdem, ob sie weiterhin zu Institutionen führt, die zum Selbstzweck werden, oder ob sie sich darum bemüht, wieder Ehrfurcht und Mitgefühl ins Zentrum unseres persönlichen und gemeinsamen Lebens zu bringen. Sie erhält sich nur dann ihre Vitalität und Fähigkeit, die

Kultur zu verändern, wenn sie über die Kirche und Nation und den Marktplatz hinaus verweist und als Zeugin der universal heiligen Dimension alles Lebens auftritt.

Zum Glück hängt die Erneuerung dieses Sinns für das Heilige nicht ausschließlich von formell religiösen Menschen oder Institutionen ab. Die jüngste Hirnforschung hat erwiesen, was die religiösen Mystiker schon immer gewusst haben: Wenn wir die grenzenlose Kreativität des Kosmos wahrnehmen, die Hinfälligkeit des Menschen spüren und unser absolutes Abhängigsein von einer Quelle des Lebens ahnen, die außerhalb unserer Kontrolle ist, weckt dies in uns eine Art Instinkt für das Heilige. Angesichts der Tatsache, dass unser Wissen, unser Können und unsere Zeit ihrem Wesen nach begrenzt sind, sehnen wir uns unvermeidlich danach, über diese unsere Begrenztheit hinauszukommen.

> *Die Menschen sind dazu befähigt, das Heilige zu erfahren und Augenblicke gesteigerter Erfahrung zu erleben, bei der sie Grenzen überschreiten und von Liebe überfließen … Gott lässt sich am besten als die Qualität vorstellen, die man in diesen Augenblicken wahrnimmt, als das unerkennbare Gesamt von allem, was ist. Dieses zunehmende Bewusstsein, dass der Geist des Menschen darauf angelegt ist, das Heilige zu erfahren, hat die Basis der Diskussion über die Religion verschoben … Die eigentliche Herausforderung wird von Menschen ausgehen, die spüren, dass es das Heilige gibt, aber der Auffassung sind, dass die einzelnen Religionen nur kulturelle Artifakte sind, die auf universalen Zügen des Menschen beruhen.*
>
> David Brooks, The Neural Buddhists

Niemand kann vorhersagen, was passieren könnte, wenn in den herkömmlichen religiösen Institutionen ein neuer Sinn für das Heilige aufbrechen würde, oder welche neuen Mythen, Metaphern, Gleichnisse, Rituale und Disziplinen das 21. Jahrhundert mit Hoffnung erfüllen könnten. Aber wir können schon damit anfangen, die Fragmente jener von ganzem Herzen kommenden Religion aufzulesen, an der alle Menschen gleichermaßen teilhaben könnten.

Warum »Fragmente«? Wir leben in einer Epoche, in der unsere alten Mythen, Paradigmen und Institutionen überrollt werden. Die Barbaren haben alle Tore durchbrochen. Wir alle können die lange Aufgabenliste globaler Probleme und verwirrender Widersprüche aufzählen, vor die wir uns gestellt sehen. Aber neue Mythen, die das alles wieder zusammensetzen, lassen sich nicht einfach erfinden. Sie entstehen nach und nach, Stück um Stück, wenn Kulturen vor Herausforderungen stehen, die sie zwingen, sich zu verändern – oder zu sterben.

Dieses Buch konzentriert sich auf die zeitlose Erfahrung des Heiligen, die lange von der profanen Kultur ignoriert, verhüllt und unterdrückt wurde, aber wieder ans Licht kommt. Das Wiederauftauchen dieses erfahrungsmäßigen Herzens der lebendigen Religion ist die wesentliche Voraussetzung dafür, dass es uns gelingt, im 21. Jahrhundert mit der ganzen Vielfalt der Lebewesen, die es auf unserer Welt gibt, in Harmonie zu leben.

In den folgenden Kapiteln will ich versuchen, in Worte zu fassen, was es heißt, die Welt als heiligen Ort zu erfahren. Wenn ich die Urerfahrung des Heiligen beschreibe, hoffe ich, damit die religiösen Gemeinsamkeiten aufzuzeigen, die wir alle miteinander teilen. Auf dieser gemeinsamen Grundlage könnten wir mit dem Streiten über unsere Unterschiede aufhören, das Christen, Juden, Muslime und Buddhisten bislang voneinander getrennt hielt. Wir könnten stattdessen gemeinsam auf das Aufblitzen kleiner Epiphanien achten, die uns neu mit dem Sinn für Staunen, Ehrfurcht und andere elementare Emotionen erfüllen können.

Wenn wir es schaffen wollen, einen neuen Sinn für das Heilige zu wecken, wird es notwendig sein, dazu an den Glauben, die Hoffnung, die Liebe und das Handeln der vielen Generationen vor uns anzuknüpfen und dies alles aufs Neue zusammenwirken zu lassen. Was ich hier vorlege, ist kein Gesamtentwurf, sondern es sind nur kurze Erkenntnisblitze.

Wenn Sie, meine Leserinnen und Leser, sich mit mir auf die Suche nach einer neuen Erfahrung des Heiligen machen, auf die Sie Ihr Leben gründen können, vertraue ich darauf, dass Sie selbst verschiedene Teile zu diesem Puzzle beitragen. So kann dann im Lauf der Zeit eine aufmerksame Gemeinschaft diese Fragmente zusammenfügen und daraus ein Gefäß formen, mit dem sich aus dem bodenlosen Brunnen der Hoffnung lebendiges Wasser schöpfen lässt.

> *Nichts, was getan zu werden es wert ist, lässt sich in einer Lebenszeit vollenden;*
> *daher müssen wir von der Hoffnung gerettet werden.*
> *Nichts auch noch so Tugendhaftes, was wir tun, können wir allein zustande bringen;*
> *daher werden wir von der Liebe erlöst.*
> *Nichts, was wahr oder schön oder gut ist, ergibt in irgendeinem unmittelbaren geschichtlichen Kontext seinen vollen Sinn;*
> *daher müssen wir alle durch Glauben gerettet werden.*
>
> Reinhold Niebuhr

Eine Vorschau auf den Verlauf dieses Wegs

Bevor wir uns auf unseren Weg machen, wird es klug sein, einiges von der Weisheit zu lernen, welche die Pilger des inneren Weges seit tausend Jahren geführt hat. Joseph Campbell, der große Kartograph der Reise des mythischen Helden mit tausend Gesichtern, hat den Weg aufgezeichnet, den sehr viele schon so lange Zeit gegangen sind: vom Ego zum Geist, vom Profanen zum Heiligen, vom fraglosen Leben zum Staunen und sich neu bezaubern Lassen. Er erläuterte, dass der Weg über drei Stufen gehe: Trennung, Initiation und Heimkehr. Das heißt, der Held wagt sich aus der Welt des Alltagslebens fort (Trennung), begibt sich in ein Gebiet übernatürlicher Wunder und erringt mit Hilfe gütiger Geister und Helfer einen entscheidenden Sieg über Dämonen und destruktive Kräfte

(Initiation). Hierauf bringt der selbstlose Held seine mühsam erworbene Weisheit zur Gemeinschaft der gewöhnlichen Menschen heim (Heimkehr).

Das ist in groben Zügen der Weg, den wir durchlaufen werden. Aber um zu begreifen, um was es bei einer heutigen Heldenreise geht, müssen wir die alte Sprache der Mythologie in die Sprache der Psychologie übersetzen. Für uns besteht die Konfrontation mit Dämonen und mörderischen Drachen darin, die alte Ordnung zu verlassen, uns von den offiziellen Autoritäten zu verabschieden und ein neues Leben anzufangen. Dieses neue Leben beruht darauf, dass wir unsere eigenen Erfahrungen, Werte und Visionen erkunden. Bei unseren großen Prüfungen, Wanderungen durch Labyrinthe und Kämpfen mit Göttern und Dämonen geht es darum, über unser infantiles Ego (Habgier, Angst, Hass und Illusion) hinauszukommen und die Mythen, Werte und Identitäten, die uns die Autoritäten unserer frühen Jahre beigebracht haben, zu überschreiten.

Wenn wir von unseren üblichen religiösen und säkularen Überzeugungen und Lebensstilen desillusioniert werden, müssen wir eine Trennung herbeiführen. Sie besteht darin, dass wir in die Wüste hinausgehen (den Ort der Initiation), wo wir Schweigen, Einsamkeit und mühsame Disziplinen erkunden, die zur Selbsterkenntnis führen. Nachdem wir ein neues Verständnis unser selbst gefunden haben, entdecken wir eine verborgene Oase. Hier erinnern wir uns an unsere frühesten Ahnungen des Heiligen, entdecken wieder die elementaren Emotionen, die im Ur-Unterbewussten im Exil waren, und bändigen die Kraft der Epiphanie, um das Juwel des Mitleids zu erringen. So werden wir die Helden in der dramatischen Erzählung unseres eigenen Lebens. Im letzten Stadium des Weges (der Heimkehr) lassen wir das innere Ringen hinter uns und tauchen wieder ins Gemeinschaftsleben ein, worin wir neue Möglichkeiten erkunden, über den namenlosen »G.« zu sprechen, und erschaffen Rituale, die uns daran erinnern, dass wir auf der Erde in Ehrfurcht leben und am ewigen Kampf um die Freiheit und Gerechtigkeit für alle teilnehmen sollen.

Die Geschichte von der Reise des Helden wird so erzählt, als sei das ein einmaliges fortlaufendes Abenteuer. In Wirklichkeit geht dieses Abenteuer endlos weiter. An uns ergehen viele Aufrufe zum Abenteuer und wir werden immer und immer wieder unsere alten Gewissheiten, Gewohnheiten und Werte hinter uns lassen müssen. Der Weg verläuft spiralförmig. Wir müssen uns immer wieder entscheiden, ob wir ihn gehen wollen oder nicht.

Diese kurze Beschreibung der Stationen auf unserem Weg kann in dessen Verlauf immer wieder zur Bestimmung der Position dienen, auf der wir uns gerade befinden.

2. Kapitel

Die Wüste: Rückzug und Neuwerden

Willst du zu dem kommen, wonach du dich sehnst,
dann geh dorthin, wo du keinen Genuss findest.
Willst du erfahren, was du nicht weißt,
dann geh dorthin, wo du unwissend bist.
Willst du erlangen, was du nicht besitzt,
dann geh dorthin, wo dir alles fehlt.
Willst du werden, was du nicht bist,
dann geh dorthin, wo du nichts bist.

Johannes vom Kreuz, Aufstieg zum Karmelberg

Sofort trieb ihn der Geist hinaus in die Wüste. Vierzig Tage lang war er in der Wüste und wurde vom Satan versucht. Er war mit den wilden Tieren zusammen und die Engel dienten ihm.

Markus 1,12

Die Überzeugung zieht sich durch alle Religionen, dass der Weg zum spirituellen Neuwerden über einen Rückzug aus »der Welt« führe, wir also von unseren üblichen kulturellen Werten und Lebensstilen Abstand nehmen und ein Leben in Strenge, Askese und Selbstverleugnung führen müssten. Die großen Seher und Mystiker lebten oft in abgelegenen Höhlen, aßen wenig und mieden alle physischen Genüsse. Sie geißelten sich selbst, um von den Begierden des Fleisches loszukommen, entzogen sich Schlaf und hielten nächtliche Gebetszeiten. Vom Buddha wird erzählt, dass er seinen Körper bis an dessen äußerste Grenzen geführt, von einem einzigen Reiskorn täglich gelebt und derart unablässig meditiert habe, dass er schließlich nur noch aus Haut und Knochen bestand. Erst dann habe er seine Erleuchtung erlangt und den mittleren Weg der Mäßigung eingeschlagen.

Tibetische Mönche setzen sich auf der Suche nach Erleuchtung oft hoch im Himalaya bei eiskaltem Wetter zum Meditieren ins Freie und hüllen sich dabei in nasse Kleider, die sie mittels der Körperwärme trocknen, welche sie durch die Meditation erzeugen. Und die Trappistenmönche legen auch heute noch die Gelübde der Armut, Keuschheit und des Gehorsams ab, sprechen nichts und leben in einer Gemeinschaft, in der man schweigend seiner Arbeit nachgeht. Auf gemäßigtere Weise verzichten Katholiken während der Fastenzeit auf etwas; die Juden tun das während des hohen Feiertags Yom Kippur; und die Muslime enthalten sich den ganzen Monat Ramadan hindurch von Tagesanbruch bis Sonnenuntergang ganz dem Essen, Sex, Rauchen und Trinken.

In der Vergangenheit war die Praxis bestimmter Verzichtsmaßnahmen ein Mittel zur Förderung rigoroser Selbstüberprüfung und diente dazu, den selbstsüchtigen und destruktiven Kräften seines Egos die Stirn zu bieten. Alte Sagen und Legenden malten das innere Drama dieses Ringens der Seele so aus, dass es sich in einer Wüstenlandschaft voller mythologischer Dämonen, Angreifer, Teufel, verführerischer Verlockungen und angsterregender wilder Tiere abspiele.

Bei heutigen Suchern ist es seltener üblich, sich in karge Wüstenlandschaften zurückzuziehen, sich stundenlang zum Zazen hinzusetzen oder harte Selbstverleugnung zu praktizieren. Unser Hang zieht uns eher zum Genießen als zur Askese hin, eher in ein gepflegtes Meditationszentrum als in eine Höhle im Himalaya. Wir wissen die spirituelle Erneuerung zu schätzen, aber sie soll nicht den Preis kosten, auf unsere gewohnten Annehmlichkeiten zu verzichten. Dennoch enthält die Mythologie von der Suche in der Wüste etwas ganz Wesentliches, um unsere Sinne für das Heilige zu schärfen. Wir müssen es allerdings aus seiner alten Hülle lösen und in angemessene neue Formen umsetzen.

Unser Weg mag nicht ins Einsiedlerleben führen; aber der Rückzug aus den Zerstreuungen eines überladenen Lebensstils bleibt eine wesentliche Bedingung, und verbunden damit auch der feste Entschluss, sich selbst zu überprüfen. Die Suche nach der eigenen Lebensvision, die einst die Indianer Amerikas unternahmen, indem sie in der Einsamkeit fasteten, wird uns heute vielleicht ins Konsultationszimmer eines Psychotherapeuten führen oder in eine Gruppe religiös Gleichgesinnter, oder wir finden dafür die Form, dass wir uns täglich eine Stunde für die Meditation freihalten oder regelmäßig offene Aussprachen mit einem Menschen unseres Vertrauens führen. Zu den strengen Übungen, die wir praktizieren, mag auch nicht gehören, dass wir nächtelang beten, jedoch können wir zum Beispiel darauf verzichten, hemmungslos einzukaufen, ständig zu viel zu essen, zu viel zu reden, zu lügen, rechthaberisch zu sein, hasserfüllte Äußerungen zu machen, Drogen zu missbrauchen, und versuchen, unseren süchtigen Umgang mit Fernsehen, Handy oder Videospielen in den Griff zu bekommen.

Es ist nicht schwer, das Symbol der einsamen Suche in den Kontext der psychischen Zustände und politischen Ereignisse zu versetzen, die unsere Krise mit ihren verheerenden wirtschaftlichen, politischen und ökologischen Umständen spiegelt. Der weit verbreitete Gebrauch von Medikamenten mit antidepressiver Wirkung zeigt an, dass viele von uns – ob wohlhabend oder nicht – von dem geplagt werden, was die frühen Christen als den »Mittagsdämon« bezeichneten: von Schwermut, Ekel und Haltlosigkeit. Und wenn wir das Gefühl haben, in einer ausgetrockneten Landschaft zu leben, in der der Leben spendende Anschluss an das Heilige gerissen und das Gefühl verloren gegangen ist, unser Leben sei sinnvoll und wir folgten einer Berufung, so geben wir dem heute eben die Namen Depression, Angst und Verzweiflung.

Die großen spirituellen Forscher aller Zeiten und Traditionen haben uns gute, aber schwierige Ratschläge hinterlassen: Geh in die Wüste, nimm Abstand vom Getöse, kämpfe mit deinen Dämonen und lerne deine guten Engel kennen. Sieh dir kritisch deine eigenen Werte und diejenigen deiner Gesellschaft an. Bist du von der hektischen Suche nach Profit, Macht und Besitztum getrieben? Oder ist dein Leben vom Bemühen beherrscht, gütig, einfühlsam und im Dienst für andere zu sein? Wenn wir den Mut haben, uns auf solche Fragen einzulassen, können sie uns ermutigen, oder sie lassen uns an unserem Zustand verzweifeln und treiben uns an, uns wieder neu auf die Suche nach »G.« zu machen.

Einsamkeit: Die Flucht aus der etablierten Religion und dem kulturellen Denkbrei

> *Religion ist das, was der Einzelne aus seiner Einsamkeit macht.*
>
> Alfred North Whitehead

Die Art von Denken, die uns verwandelt, beginnt mit einem Rückzug ins Alleinsein. Ohne einsame Gedankenexperimente wären die großen Revolutionen in Religion, Philosophie und Naturwissenschaft niemals zustande gekommen. Mose, Buddha, Jesus und Mohammed verbrachten lange Zeiten in quälender Selbstüberprüfung, bevor sie zu den Einsichten gelangten, die ihr Leben veränderten. Die großen Vordenker waren immer Menschen, die gern mit ihren Gedanken allein waren. Beim Alleinsein kam Galilei auf seine Theorie der Bewegung der Planeten, entdeckte Newton die Schwerkraft und ging Descartes auf, dass klares und unterscheidendes Denken die einzige Garantie für Gewissheit sei (*cogito ergo sum*). Einstein, dessen Gedankenexperimente über Raum, Zeit und Relativität sowohl für die Untersuchung des Kosmos als auch der subatomaren Teilchen maßgeblich wurden, war bekannt dafür, gedankenverloren in Princeton herumzuwandern. Als sich einmal ein Freund mit ihm verabreden wollte und ihn fragte, wann er kommen solle, gab er ihm zur Antwort: »Du kannst irgendwann zwischen eins und vier kommen. Es ist gleich, wann genau du kommst. Ich werde immer gerade mit Denken beschäftigt sein.«

Eine neue, inspirierende Vision des Heiligen wird sich einstellen, wenn man sie am wenigsten erwartet, und das dank

Praktiken, die den Werten zuwiderlaufen, welche die globale Wirtschaftskultur unseres 21. Jahrhunderts prägen. Die Suche nach einer solchen Vision fängt damit an, dass man die Gewissheiten der etablierten Religion und kulturellen Ideologie in Frage stellt. Aus welchem Grund? Weil die Religion die schlechtesten und die besten Bestrebungen des Menschen umfasst: unsere konservativsten, autoritärsten und fanatischsten Impulse genauso wie unsere liberalsten, revolutionärsten und geistig offensten. Jede Gesellschaft ist im Wesentlichen ein Kult der Mehrheit, eine Gemeinschaft, die ihren Bürgern Sicherheit und Sinn verspricht und im Gegenzug dafür das Versprechen verlangt, sich an den Wertekonsens und die herrschende Mythologie des Nationalstaats zu halten. Die Rückkehr zum Quellgrund der Erfahrung des Heiligen wird deshalb immer gegen den Strich der vorherrschenden Kultur gehen.

So verherrlicht zum Beispiel die Theologie des Nationalismus Gott und Vaterland. Sie verlangt, dass Bürger als Soldaten zum Töten oder Sterben bereit sein müssen, wenn die weltlichen Autoritäten das befehlen. Damit tritt die Pflicht gegenüber dem Staat an die Stelle dessen, was das eigene Gewissen verlangt. Es bedarf einer an Gehirnwäsche grenzenden kulturellen Praxis, um aus Bürgern Soldaten zu machen, und eines ständigen Propaganda-Sperrfeuers, um die Feinde der Nation zu Feinden Gottes zu erklären und uns darauf zu konditionieren, das Töten anderer gutzuheißen. In einem Lied aus dem Südpazifik heißt es: »Noch bevor du sechs, sieben oder acht warst, hat man dir schon beigebracht, alle die zu hassen, die deine Verwandten hassen.« Und schon Aeschylos hat gewarnt: »In einem Krieg ist das erste Opfer immer die Wahrheit.« Der Patriotismus mag eine wichtige kulturelle Tugend sein, aber für jene, die nach ewigen Wahrheiten suchen, ist er eine gefährliche Versuchung.

Zum spirituellen Neuwerden gehört eine radikale Veränderung der eigenen Identität, Weltsicht und Lebensweise. Sie kann nur stattfinden, wenn uns Einsamkeit und Schweigen die

Möglichkeit verschaffen, auf die leise Stimme »G.«s zu hören, die gewöhnlich von den Stimmen und Werten unserer Kultur übertönt wird. Da unsere Kultur uns alle zu Süchtigen macht, brauchen wir eine Phase der Trennung vom Gewohnten, ehe wir die Quellen unserer Einmaligkeit entdecken können. Ein altes Zen-Koan bringt den Unterschied zwischen unserem kulturellen und unserem Wesens-Selbst auf die scheinbare Nonsens-Frage: »Wie sah dein Gesicht aus, ehe du geboren wurdest?« Denn lange bevor wir ins Alter geraten, in dem wir zustimmen können, legt unsere Kultur bereits eine Maske über unser eigentliches Gesicht. Wir werden von der Religion, der Ideologie sowie den Mythen, Werten und richtungsweisenden Erzählungen unserer Eltern und Gleichaltrigen indoktriniert und geformt. Gute Bürger sind in verschiedenem Grad Schlafwandler; sie sind unbewusst in den Konsens über die Wirklichkeit eingebunden und gehorchen fraglos der Geschichte, von der die anerkannten kulturellen Autoritäten erzählen.

Die Trennung von destruktiven säkularen Werten und süchtigen Verhaltensweisen ist sozusagen der Einstieg in ein spirituelles Zwölf-Schritte-Programm, das unsere Abhängigkeit vom Status quo durchbricht, also von den unhinterfragten religiösen und kulturellen Mythen unserer Zeit – und unsere Fähigkeit wiederherstellt, die Dimension des Heiligen in unserem Alltagsleben zu erfahren.

Schon die klassischen Philosophen kannten recht gut den inneren Zusammenhang zwischen Alleinsein, Denken und Handeln, aber in der Neuzeit geriet er fast ganz in Vergessenheit. So sagte etwa der Römer Cato vom einsamen Denker: »Nie ist er tätiger, als wenn er untätig ist, und nie ist er weniger allein, als wenn er bei sich selbst ist.« Nur wenn wir den Mut finden, unsere bequemen Ideen, Werte, Überzeugungen und Mythen in Frage zu stellen, können wir die Stimmen vernehmen und die Visionen schauen, die uns Hoffnung schenken und uns mit einem frischen Sinn für Richtung und Zweck unseres Lebens in die Gesellschaft zurückkehren lassen. In Hermann Hesses Roman *Siddharta* kehrt der junge Prinz, der sein privilegiertes Dasein aufgegeben hatte, um umherzuwandern und zu meditieren, nach vielen Jahren in die Gesellschaft zurück und bewirbt sich bei einem reichen Mann um Arbeit. Als dieser ihn fragt, welche Fähigkeiten er aus seinem kulturkritischen Leben mitbringe, gibt er zur Antwort: »Ich habe das Warten, Fasten und Denken gelernt.«

Zum Glück haben uns furchtlose Forscher aller Zeiten Berichte über ihre spirituellen Abenteuer in der Einsamkeit hinterlassen, sowie auch über die Fertigkeiten und Disziplinen, die sie als zum Überleben notwendig erkannten. Ihre Erfahrungen liefern Beispiele des Muts und der Weisheit, die helfen können, uns dem Griff der Götzen und profanen Ideologien unserer Zeit zu entziehen. Liest man die Geschichten von Gilgamesch, Buddha, Jesus, Laotse, Mahatma Gandhi, Abraham Lincoln, Martin Luther King Jr., Dorothy Day und anderen nach, so vernimmt man aus allen das Echo einer gemeinsamen Geschichte. Die Biografien solcher Menschen lassen uns an ihren innersten Erfahrungen des Leidens, der Angst, Hoffnung, Freude, Freiheit und am Sinn ihres Lebens teilhaben und sie können uns dadurch zu Führerinnen und Gefährten werden. Sie alle sagen: Geh allein in die Wildnis. Nimm dir Zeit zum Nichtstun. Halte an, sieh genau hin, horche. Stelle dich deinen Dämonen und Alpträumen. Wisse wenig; erkenne den Wert deiner Zweifel. Entdecke deine eigene Geschichte. Lerne es, den Wert von Fragen zu schätzen. Lass deinen Geist und deine Zunge still werden.

Schweigen: Ein Heiligtum mitten in der Leere

Die Einsamkeit ist das Tor zum Schweigen. Sei still und wisse!

Die westliche Kultur wirkt wie ein einziger großer Generalangriff auf das Alleinsein und das Schweigen. Wir werden rasant in die virtuellen Realitäten der Massen einbezogen, sind einem unablässigen Sperrfeuer von Daten ausgesetzt. Es wird immer schwieriger, sich dem Lärm, den Experten, Propagandisten, Werbefritzen, Cyberhändlern, Tele-Anbietern und Telefonwerbern zu entziehen, die uns eine Fülle von Waren, Ideologien und Heilsbotschaften aufdrängen wollen und rasches Geld, Preisnachlässe und billige Gnade versprechen.

Die Geldwechsler haben das Reich des Schweigens kolonisiert. Im Rahmen der globalen Wirtschaft ist ein stiller Augenblick zur knappen Ressource geworden, zur verpassten Gelegenheit, zum leeren Baugrundstück, auf dem etwas Wertvolles hätte errichtet werden können. Wer schweigt und Muße pflegt, verdient nichts. Eine Minute beim Weltcup ist Millionen wert.

Der Umstand, dass es kaum noch Schweigen gibt, macht es fast unmöglich, heute noch einzuschätzen, welchen Tribut uns der profane Dauerlärm abverlangt. Wir können uns buchstäblich nicht mehr selbst denken hören. Statt vom Schweigen zum Wort eilen wir von Wort zu Wort. Unser Reden wird zum Geplapper, die Kunst des Zuhörens haben wir verlernt.

Wollen wir uns aus diesem Sog des Profanen befreien und wieder zur Klarheit des Heiligen finden, brauchen wir einen Ort der Stille, eine Leere, in die wir uns zurückziehen können. Das Schweigen eröffnet uns den Fluchtweg aus dem Dauerlärm unserer Kultur.

Aber das Schweigen kann bedrohlich sein. Vor einigen Jahren veranstaltete ich eine Wanderung in die Wildnis. Unsere Gruppe wanderte und kletterte einige Tage lang gemeinsam. Dann schlugen wir an einem Fluss unser Lager auf und bereiteten uns darauf vor, dass jeder für sich allein ein Stück weiterging. Jeder und jede sollte an einer bestimmten Stelle ganz allein übernachten. Viele der Teilnehmer hatten Angst davor, ohne jede Ablenkung in der Wüste allein zu sein. Als alle vom Gehen etwas erschöpften Teilnehmerinnen und Teilnehmer sicher in ihren einsamen Nischen untergebracht waren, begab ich mich an die von mir ausgewählte Stelle. Ich freute mich darauf, einmal eine Zeit lang Abstand von der Gruppe zu haben.

Meine Zufluchtsstätte war eine kleine Höhle zu Füßen eines weißen Felsens, die im Lauf der Jahrtausende von den Frühjahrsfluten eines nahegelegenen Stroms ausgewaschen worden war, der jetzt nur noch als kleines Rinnsal dahinfloss. Während der ersten ein, zwei Stunden richtete ich mich erst einmal ein und versuchte meinen Schlafsack und Rucksack so anzuordnen, dass mich nachts möglichst keine Schlangen besuchen konnten. Dann begann ich die runden Wölbungen und kleinen Höhlen des vom Wasser ausgewaschenen Felsens zu erkunden. Am Spätnachmittag gab es nichts mehr weiter herzurichten und zu erkunden, also setzte ich mich an den Fluss. Da es nichts mehr zu tun gab, beschloss ich, wirklich nichts mehr zu machen. Mir fiel der Zen-Spruch ein: »Sitze still. Tu nichts. Der Frühling kommt von selbst.«

Ins Schweigen einzutreten war nicht so einfach. Mein abgeschnittenes Tal war vom unablässigen Gezwitscher eines Vogels und von einem Gemisch aus Krähengekreisch, Wasserrauschen, Windgesäusel und dem gelegentlich etwas lauteren Summen eines Flugzeugs erfüllt. Noch störender war der Lärm in meinem Kopf. Mein Geist war voll damit beschäftigt, vergangene Triumphe und Niederlagen Revue passieren zu lassen, sich auf Dialoge mit realen und fantasierten Gesprächspartnern einzulassen, mit erotischen Fantasien zu spielen und zu planen, zu planen, zu planen. Sooft ich versuchte, das Geplapper zu beenden, wurde es bloß noch lauter. Mit großer Anstrengung konzentrierte ich mich auf den unruhigen Rhythmus meines Atems, zählte die Züge des Ein- und Ausatmens. Aber das steigerte nur mein Kreisen um mich selbst.

Was, so fragte ich mich ängstlich, würde passieren, wenn ich tatsächlich mit dem dauernden Nachdenken aufhören würde; wenn ich aus dem endlosen Fluss von Worten, Erklärungen und Plänen aussteigen würde? Da schien gleich unterhalb meines sorgfältig konstruierten Ichs eine Leere zu lauern. Da lagen Tod und Nichtsein im Hinterhalt. Meine Ängste verdrehten Descartes' Augenblick der Erleuchtung ins Gegenteil: »Ich denke nicht, also bin ich nicht.«

Langsam begann ich zu kapitulieren und ließ den unerträglichen Gedanken an den Tod – meinen Tod – in meinem Bewusstsein zu. Als ich das tat, öffnete sich ein Gang zu Ur-Emotionen hin, zu Gefühlen, die so alt waren wie die Weltgeschichte und so universal wie die Menschheit. Ich empfand die Angst vor den unheimlichen und nagenden Fragen, die ich weder beantworten noch abtun konnte: Woher komme ich? Was geschieht nach meinem Tod mit mir? Was ist dieses Nicht-Sein, aus dem ich komme und das mich erwartet?

Mein Geist spielte mit Erklärungen, Mythen und Glaubensvorstellungen, aber nichts davon überzeugte mich. Ich konnte nichts finden, an das ich mich hätte halten können, keinen Felsen im Strom der Zeit. Als ich meine Angst einlud, zu verweilen, zeigte sie mir ihr anderes Gesicht: die tragische Trauer um alles Verfließende. Ijob wusste es: »Der Mensch ist wie Gras auf dem Feld. Der Wind weht darüber und es ist vergangen und sein Ort weiß nichts mehr von ihm.«

Das Trauern über das kurzfristige Wunder meines eigenen Lebens befreite mich ganz unerwartet von meinem Kreisen um mich selbst. Ich fühlte mich gesegnet und gereinigt. Erschöpft legte ich mich unter einen Baum. Ich döste wahrscheinlich ein. Ein unermesslich weiter Horizont umgab mich, nur von widerkehrenden Winden erfüllt. Dieser Augenblick hielt eine köstliche, ewige Weile an, bis ich versuchte, ihn zu verstehen. Da verging das Schweigen auf der Stelle und mein Ego übernahm wieder das Kommando.

Wer war ich während dieser Augenblicke gewesen, in denen nur der Wind in den Bäumen gewesen war?

Hier.

Heute.

Leer.

Nichts zu sagen.

Gesegnete Stille.

Den Dämon Hetze besiegen: Heiliges Nichtstun

Übe Nichtstun
Und erkenne »G.«.

Hast ist der böse Zwilling des Lärms.
Nichtstun ist die Braut der Stille.
Sandor McNab

Die Griechen kannten zwei Formen der Zeit, *chronos* und *kairos*. *Chronos* beschert uns die von Chronometern, Uhren und Kalendern gemessene Zeit. Sie ist linear, einförmig und so vorhersagbar wie das Ticken der Uhr des Großvaters – ein Pfeil, der unablässig aus dem gegenwärtigen Augenblick in den nächsten fliegt. Innerhalb der genau markierten Einheiten der chronologischen Zeit werden Vereinbarungen getroffen, Verträge geschlossen und öffentliche Geschäfte betrieben.

Die andere Form der Zeit, *kairos*, ist organisch, rhythmisch, zyklisch, innerlich und physisch. Im *kairos*, im angemessenen Augenblick, gebiert die Frau, stirbt der Mensch in der Fülle seiner Jahre, löst der Winter unter dem lauen Wehen des Frühlings seinen eisigen Griff, weicht die Trauer der Dankbarkeit, verraucht der Ärger und erblüht die Vergebung. Im Buch Kohelet heißt es, die Weisheit bestehe darin, zu wissen, was an der Zeit ist. »Alles hat seine Stunde und für jedes Vorhaben unter dem Himmel gibt es eine Zeit: eine Zeit zum Gebären und eine Zeit zum Sterben, eine Zeit zum Pflanzen und eine Zeit, die Pflanzen abzuernten …« Oder, wie man in Las Vegas sagt: »A time to hold 'em and a time to fold 'em«: »Eine Zeit zum Aufrechterhalten und eine Zeit zum Zusammenklappen.«

Wenn wir uns dem Lauf des *kairos* überlassen und nicht alles aktiv selbst steuern wollen, lernen wir von unseren Träumen, erleben die Übergänge von einer Lebensphase in die andere und spüren, wie Glaube, Hoffnung und Liebe wachsen. Im Neuen Testament werden als *kairos* die Augenblicke bezeichnet, in denen Gott in die Geschichte hereinbricht, sich durch die Propheten vernehmen lässt oder durch Jesus zeigt. In einem weiteren Sinn ist *kairos* jeder Zeitpunkt, zu dem in einem alltäglichen Ereignis das Göttliche aufscheint.

In den 1970er Jahren versicherte uns Herbert Marcuse in seinem Buch *Triebstruktur und Gesellschaft*, dass wir am Rand einer Freizeitrevolution stünden und bald wöchentlich nicht mehr länger als zwanzig Stunden würden arbeiten müssen. Denn der Wohlstand, den uns unsere Maschinen bescherten, werde langfristig das »Wassermannzeitalter« herbeiführen, in dem wir in Muße spielen, unsere Kreativität in den Künsten entfalten und dem Eros freie Bahn lassen könnten.

Aber so verlief die Entwicklung nicht. Die Industriewelt geriet immer stärker in den Griff des Dämons Geschwindigkeit. Wir überprüften präzise alle zeitlichen Abläufe, konnten schließlich die Effizienz jedes Vorgangs bis in Bruchteile von Sekunden messen und begannen exakt nach der Uhr zu leben. Das neue Symbol unserer Andacht zum großen Gott Chronos trugen wir stolz an unseren Handgelenken zur Schau. Zeit wurde mit Geld gleichgesetzt, höhere Geschwindigkeit mit mehr Geld. Die Marktkonkurrenz peitschte unser Lebenstempo immer stärker an. Jetzt ist auf allen Gebieten Eile angesagt. Wir drohen immer einen Tag zu spät dranzusein und damit um einige Dollar zu kurz zu kommen. »Der frühe Vogel fängt den Wurm.« Zeitmanagement ist oberstes Gebot.

Unter der Tyrannei der Forderungen des Markts und der Sofortkommunikation begannen wir unser Gespür für die gnadenvollen Rhythmen der persönlichen Zeit zu verlieren. Wir wurden fast alle nach jenem geschwinden und anspruchsvollen Lebensstil süchtig, der den Pharmakonzernen Milliardeneinnahmen aus dem Verkauf stressreduzierender Medikamente beschert. In zunehmendem Maß kolonisierten Hochgeschwindigkeitspopulationen die Populationen mit niedrigerer Geschwindigkeit. Sie zwangen sie, ihr Leben aufzugeben, das sich noch an die organischen Rhythmen ihres Körpers hielt, und so müssen schließlich auch noch die Letzten beim hektischen Tempo mitmachen, das man unbedingt braucht, wenn man wirtschaftlich konkurrenzfähig bleiben will.

Unsere Geschwindigkeitssucht lässt sich mit Medikamenten nicht kurieren. Aber die gute Nachricht ist: Wir sind biomythische Lebewesen, und wenn sich die Mythen verändern, dann verändern wir uns mit ihnen. Darum steht für uns dringend die Hinkehr zu einer Weltsicht an, die das gerade Gegenteil derjenigen des *homo oeconomicus* ist.

Einfältige Eile ist typisch für die profane Zeit. Dagegen ist heilige Zeit polymorph, hat viele Facetten. Sie beruhigt das Nervensystem und führt zu einem harmonischeren Gleichgewicht zwischen dem Leben im Wachzustand und demjenigen im Traum. Sie verwebt Vergangenheit, Gegenwart und Zukunft – Erinnerung, Achtsamkeit und Hoffnung – zu einer in sich stimmigen, fortlaufenden Erzählung.

Eine meiner denkwürdigsten Erfahrungen heiliger Zeit machte ich auf einer Reise durch das Königreich Bhutan im Himalayagebirge bei der Begegnung mit einem Tempelwächter. Wir saßen einen Abend lang um ein Lagerfeuer beisammen und er erklärte mir über einen Dolmetscher, wie er Amulette herstelle, die bestimmte Krankheiten vertrieben und eifersüchtige Dämonen fernhielten. Er sei nicht darauf aus, als Priester wiedergeboren zu werden, erzählte er mir, hoffe jedoch, genügend gutes Karma angesammelt zu haben, um in Bhutan wiedergeboren zu werden. Sich zu wünschen, anderswo zu sein als dort, wo er jetzt sei, könne er sich nicht vorstellen. Während unseres Gesprächs musste ich ständig auf seine Hände sehen. Sie schienen fast übernatürlich still zu sein, und mir ging auf, dass ich noch nie in meinem Leben derart im Frieden und so fest an meinem Ort verwurzelt gewesen war wie er.

Was würde wohl geschehen, so fragte ich mich, wenn ich meine Tage einfach nach dem Auf- und Untergang der Sonne bemessen würde? Wenn ich auf die wechselnden Farben, Düfte und Strukturen achten und mich von ihnen über den Fortschritt der Jahreszeiten informieren lassen würde? Wie wäre es, wenn mich der Duft des Flieders auf den anbrechenden Frühling und die Verheißung der ewigen Wiedergeburt aufmerksam machen würde? Wenn mich flammende Ahorn- oder goldene Espenblätter darauf vorbereiten würden, dass die Tage kürzer und dunkler werden?

Es fällt leicht, angesichts eines Tempelhüters oder eines Kindes das Gespür dafür zu bekommen, in einem ewigen Jetzt zu leben – aber was bietet mir diese Einsicht an? Was verlangt sie von mir? Wie könnte ich es im Chaos meines heutigen Lebens lernen, in einem Zustand intensiver Stille zu verharren?

Die Begegnung mit dunklen Engeln: Reue und Bekenntnis

> *Darin besteht die Vollkommenheit des Menschen: seine eigenen Unvollkommenheiten zu erkennen.*
> Augustinus

Die derzeitige säkulare Weisheit leitet zur Pflege eines extrovertierten Lebensstils an. Sie rät uns, optimistisch zu sein, uns auf der Sonnenseite des Lebens zu tummeln, fest am Arbeiten zu bleiben und unsere früheren Fehler zu vergessen. Im Gegensatz dazu ermutigt uns die alte Weisheit, auch unsere finstersten Träume und Erinnerungen ins volle Licht unseres Bewusstseins kommen zu lassen.

Wenn wir allein in der tiefen Finsternis der Wüste weilen, werden wir von Schattenwesen und verschwommenen Emotionen angefallen, deren Formen wir nicht richtig ausmachen können. Sie gleichen einer Art wilder Tiere oder Dämonen. Es sind Phantome unseres überfahrenen Gewissens; Erinnerungen an Momente, in denen wir versagt oder Menschen, die wir liebten, uns verraten haben. Das alles holt uns ein. Gegen diesen Ansturm tief aus unserem Unbewussten heraus ist unser Ego wehrlos, mag es noch so gut gewappnet sein. Werden wir angeklagt und zum Bekenntnis und zur Reue aufgefordert, so ist die normale Reaktion dieses Egos diejenige, dass es alles abstreitet, wegerklärt oder die Schuld auf jemand anderen schiebt: den Ehegatten, die Frau, einen Feind, den Teufel.

Wenn wir uns in die Wüste zurückziehen, werden wir zur Überlegung dazu gezwungen, in welchem Maß wir und unser Land sich der Habgier, der Aggression, der Grausamkeit und der Gleichgültigkeit schuldig gemacht haben. Da tun sich zwei Pfade auf, und wir müssen uns entscheiden, welchen wir wählen:

den säkularen Pfad	oder	den heiligen Pfad
vom Ego geleitet		vom höheren Selbst geleitet
von Staaten und Institutionen vorgegeben		von Gemeinschaften solcher Menschen gewiesen, die füreinander da sind
auf Verfolgungswahn beruhend und auf Selbstgerechtigkeit		auf dem Geist beruhend und auf *metanoia* oder Reue
»Wir liegen (ich liege) mit unseren (meinen) Überzeugungen richtig«		»Wir waren (ich war) gefühl- und einfallslos.«
»Die da liegen falsch, sind schuld, böswillig, feindselig«		»Wir sind alle unvollkommene Wesen.«
»Wir müssen uns verteidigen.«		»Bitte vergebt uns.«

Wissenschaftliche Kenntnisse und reine Informationen lassen sich von einem Menschen zum andern ohne Selbstoffenbarung oder Reue weitergeben. Aber zu der Art von Weisheit, die wir aus der Freundschaft und Liebe beziehen und die uns an Leib, Geist und Seele heilen kann, gehören Verwundbarkeit, Selbsterkenntnis und die Bereitschaft, seinen eigenen Schatten genauer anzusehen, kurz: gehört die Praxis der *metanoia*, der Umkehr. In jeder intimen Freundschaft werden Partner einander gelegentlich auf hundert kleine Weisen verletzen und es erforderlich machen, dass sie einander ihre Verfehlungen eingestehen und ihretwegen um Vergebung bitten. Die albernsten neun Wörter, die je über die Liebe ausgesprochen wurden, fielen in dem Film *Love Story*: »Lieben heißt nie sagen müssen: Es tut mir leid.« (Und die heilsamen neun Wörter lauten: »Das war falsch. Tut mir leid. Bitte verzeih mir.«)

Jesus wies uns an, zuerst den Balken aus unserem eigenen Auge zu entfernen, bevor wir den Splitter aus dem Auge eines anderen entfernen wollen. Sigmund Freud hielt es für unerlässlich, dass künftige Psychotherapeuten im Lauf ihrer Ausbildung selbst eine Psychotherapie durchmachen mussten. Das Bewusstsein unserer eigenen Gebrochenheit ist das Vorspiel zum Neuwerden und der erste der Schritte, die uns so weit bringen, dass wir die Sucht, alles aus der Perspektive unseres Egos zu sehen, ablegen. Jede religiöse Tradition lehrt, dass der Pfad zur spirituellen Reife durch das Tal des Schattens und die dunkle Nacht der Seele führt.

Nationen, Institutionen und Konzerne geben üblicherweise nie ihre Fehler zu und bereuen sie nie. Eine Ausnahme war Deutschland: Es machte nach dem Zweiten Weltkrieg eine ungewöhnliche Phase der Untersuchung seiner Kriegsverbrechen, Vernichtungslager und Praktiken des Völkermords durch. Sein Schuldbekenntnis führte zum heilsamen Entschluss, die Erinnerung an diese entsetzlichen Dinge wachzuhalten, um jeder Wiederholung vorzubeugen. In Japan war genau das Gegenteil der Fall. Eine Generation der japanischen Führer um die andere hat sich geweigert, die Vergewaltigungen von Nanking zuzugeben, nämlich die damaligen massenhaften Entführungen von Frauen zur Erfüllung der sexuellen Bedürfnisse der Soldaten, und die Grausamkeiten, die die Japaner gegen das koreanische Volk begingen. Auch die USA haben nie Reue über die Brandbombenangriffe auf Dresden und Tokyo oder den Einsatz von Atomwaffen gegen Hiroshima und Nagasaki bekundet. Hätten wir Amerikaner uns auf eine längere Phase der ehrlichen Reue wegen zwei Millionen Toter in Vietnam eingelassen, so hätten wir uns womöglich gegen die Invasion Afghanistans und des Iraks entschieden. Unsere Unfähigkeit, unsere Fehler zuzugeben, verurteilt uns dazu, sie zu wiederholen.

Wenn wir dagegen unser persönliches Versagen bekennen und Reue darüber bekunden, dass wir an den Sünden unserer Gemeinschaft schuldig geworden sind, lernen wir die trostvolle Lektion der Demut. Das entspricht der Lehre des alten Glaubensbekenntnisses, wir müssten erst gekreuzigt werden, sterben und begraben werden, ehe wir zu einem neuen Leben auferstehen können. Die Hoffnung schläft schweigsam im »Humus« der *humilitas,* der Demut, und wartet darauf, dass die harte Schale des Egos – die aus Stolz, Selbstgerechtigkeit und Machtwillen besteht – aufgeknackt wird.

Ich bekenne:
»Ich bin Mitglied der Bande von ökologischen Banditen, die an der Verschmutzung und Zerstörung der Umwelt meiner Mitmenschen und anderen fühlenden Lebewesen beteiligt war. Ich genieße schamlos einen ungerecht hohen Anteil der Gaben der Erde und missachte die Not der Machtlosen und Armen. Ich habe das Erbe meiner Kinder geplündert.

Ich bin Bürger einer Nation, die ihre kostbaren Ressourcen dazu verschwendet, die größte und am schwersten bewaffnete Militärmacht der Menschheitsgeschichte zu unterhalten. Ich habe stillschweigend mit angesehen, wie sie wider alles Recht ausländische Regierungen gestürzt, Zivilbevölkerungen bombardiert und ungerechte ›präemptive‹ Kriege geführt hat. Ich habe geschwiegen, als mein Land Verbrechen gegen die Menschlichkeit beging und sich geweigert hat, sich der internationalen Rechtsordnung zu unterwerfen.

Ich bin von der Krankheit der Begierlichkeit befallen, des endlosen Begehrens. Ich bin nie zufrieden mit dem, was ich habe, sogar wenn ich in Dingen, die ich gar nicht brauche, fast ersticke. Ich kaufe. Ich konsumiere. Daher bin ich.

Statt das Schicksal der zu kurz Gekommenen an mich heranzulassen, gebrauche ich als Ausrede die trostvolle Theorie, dass die Armut ein strukturelles Problem sei und sich nicht mit der Spendenfreudigkeit der reichen Länder lösen lasse. Ich habe meine Augen abgewendet, um nicht das Böse mit ansehen zu müssen, das die in meinem Namen Handelnden angestellt haben, die meine Steuerdollars weiterhin dazu verwenden, mich vor der nebulösen Bedrohung durch den Terrorismus zu schützen. Ich habe mit angesehen, wie die Bürgerrechte, auf die mein Land gegründet wurde, immer weiter ausgehöhlt und die internationalen Richtlinien der Genfer Konvention verletzt wurden.

All dies bereue ich aus ganzem Herzen.«

Die Schuld und Schande, die bei einem ehrlichen Bekenntnis und aufrichtiger Reue im Spiel sind, schwächen einen durchaus nicht, sondern bezeugen das transzendente Element in der Identität des Menschen, seinen heiligen Kern. Es ist das Eingeständnis, dass unser Leben dem Urteil des kollektiven Gewissens unterliegt, dessen Rechtsprechung die Gesetze, Moralvorstellungen, ethischen Vorstellungen und Bräuche von Stamm und Nation übersteigt. Die Goldene Regel, der kategorische Imperativ, das Bodhisattva-Gelübde – dies alles beruht auf der Anerkenntnis, dass wir nur dann voll menschlich werden, wenn wir auch alle anderen Menschen als Vollmitglieder unserer allumfassenden Gemeinschaft behandeln.

Die Stimmen der Schuld und Scham, die zu uns in der Wüstennacht sprachen, werden zu unseren dunklen Engeln, unseren Pfadfindern und Führern. Die große Dreiheit Bekenntnis – Reue – Vergebung bleibt ein zentraler Zug der Religion, denn, wie die Philosophin Hannah Arendt es ausgedrückt hat, die Macht der Vergebung »ist die einzige Wunder wirkende Fähigkeit des Menschen, die Fähigkeit, die uns echtes Handeln ermöglicht, statt nur immer in der endlosen Wiederholung der Kreisläufe von Gewalt und Rache gefangen zu bleiben«.

Zu einem der großartigsten Beispiele des Bekennens, Bereuens und Neuwerdens, dessen Zeugen wir in unserer Zeit werden durften, gehört die Arbeit der »Kommissionen für

Recht und Versöhnung« in Südafrika. Erst als die Architekten und Vertreter der Apartheid im offenen Gericht ihre grausamen und bösen Taten bekannten, konnte der Prozess der Heilung zwischen Opfern und Tätern der Gewalt einsetzen. Mitgefühl erwächst aus der Wahrnehmung, dass ich meinem Nächsten die Verletzungen, die er mir zugefügt hat, erst dann vergeben kann, wenn ich mir selbst die Verletzungen vergeben kann, die ich verursacht habe. W. H. Auden hat das so ausgedrückt: »Du sollst deinen schuftigen Nächsten mit deinem schuftigen Herzen lieben.«

> *Teil deines neuen Lebens muss das Bekenntnis sein.*
> Ludwig Wittgenstein

Gesegneter Zweifel: Die Tugenden des Agnostizismus

> *Zu wissen, dass man nichts weiß, ist das Beste.*
> *Zu tun, als wisse man etwas, wenn man nichts weiß, ist eine Krankheit.*
> Laotse

In der Wüste strengt sich das Auge vergeblich an, über den endlosen Horizont hinauszusehen. Da sind nur Sand, der Himmel und die ewige Leere. Vor lauter Sehnsucht nach bergenden Palmen und kühlem Wasser, was beides nicht da ist, erschafft sich die Theologenfantasie alle Arten von halluzinatorischen Himmelreichen. Im Gegensatz dazu versagt sich der agnostische Geist alles Wunschdenken.

Der Agnostizismus als Einstellung ist so alt wie das Nachdenken, aber erst in den 1840er Jahren erfand Thomas Henry Huxley den Begriff »Agnostizismus«, um sich damit von den Theologen abzugrenzen, deren Beruf es war, von Gott offenbarte Antworten auf die tiefgründigsten Fragen zu liefern, wie etwa: Existiert Gott? Wie können wir ihn erkennen? Warum konnte er das Böse erschaffen, und warum leiden die Guten und gedeihen die Bösen? Huxley sagte, die Theologen seien sich »ziemlich sicher, dass sie mehr oder weniger mit Erfolg das Problem des Daseins gelöst hätten; ich dagegen war mir ziemlich sicher, das nicht getan zu haben, und war der ziemlich festen Überzeugung, dass dieses Problem unlösbar sei«.

Der Agnostizismus, bei dem man keine religiöse Überzeugung ausschließt, aber auch keine teilt, sondern einen Weg dazwischen wählt, ist eine Form der erkenntnistheoretischen Demut, nämlich des Eingeständnisses, dass der menschlichen Erkenntnis grundsätzlich Grenzen auferlegt sind. Auch wenn Astrophysik, Neurophysiologie und Quantenmechanik noch so verblüffende Entdeckungen machen mögen, erinnert uns der Agnostizismus daran, dass wir damit dem Verstehen der Fragen nach dem Warum und Wofür unseres Daseins keinen Schritt näher kommen. Selbst wenn wir in tausend Jahren eine Fülle weiterer theoretischer und praktischer Probleme gelöst haben werden, wird das Geheimnis des Daseins immer noch ungelöst sein. Die Menschen werden immer unter jener »Wolke des Nichtwissens« leben, von der der mittelalterliche christliche Mystiker Jakob Böhme sprach. Vor dem Gericht der Vernunft haben die Millionen orthodoxer Gläubiger, die blind die Autorität alter Schriften und die Aussagen religiöser Autoritäten annehmen, keinen Bestand.

Man darf den Agnostizismus nicht mit dem Atheismus verwechseln, also der Leugnung der Existenz Gottes, sei es desjenigen des Juden- oder Christentums oder des Islams oder »G.«s als der undefinierbaren kreativen Intelligenz, die in und jenseits aller erkennbaren Existenz anwesend ist. Es ist seiner Definition nach unmöglich, zu wissen, ob ein Gott im Sinn eines übernatürlichen, Zeit und Raum übersteigenden Wesens überhaupt existiert, und erst recht, über ein solches Wesen irgendetwas Genaueres zu wissen. Aber wie wir sehen werden, muss uns das nicht davon abhalten, die Idee eines unbekannten »G.«s zu verwenden, der für immer außerhalb der Reichweite unseres begrenzten Verstehens bleibt, und auch nicht davon, das volle Spektrum elementarer Empfindungen des Heiligen zu erfahren.

In seiner Bestform ist der Agnostizismus ein kühnes Denken, das dem Mut entspringt, alle offenbarten Wahrheiten, allgemein akzeptierten Vorstellungen und kulturellen Mythen zu bezweifeln. Er nimmt unsere Zweifel ernst und steht zu unserem Nichtwissen um jene letzten Dinge, die die Theologen und Anti-Theologen mit so großer Sicherheit verkünden. Der Agnostizismus ist aus dem Geist mutigen Infragestellens heraus entschlossen, die Autorität zu bezweifeln, Tabus zu brechen und mit Ablehnung und Kritik zu leben. Vor allem aber geht er an alles auf spielerische Weise heran, hat seine Freude an Paradoxen und Widersprüchen und am Hang der Fantasie zum endlosen Spekulieren. Wir wissen nicht, darum spielen wir. Unser Nichtwissen ist unsere Gewissheit; unsere Offenheit ist unser Schatz.

Verbales Fasten: Ein Moratorium für heilige Worte

Am Anfang der Welt,
so heißt es,
erschuf Gott den Menschen.
Und umgekehrt:
Als er sich auf der Erde tummelte,
so heißt es,
erschuf der Mensch Gott.
Achte darauf, was du sagst,
sonst passiert dir das Gleiche.

Unbekannter Autor

Manchmal ist nichts das Coolste.

Cool Hand Luke

Als biomythologische, Geschichten erzählende Lebewesen bauen wir unvermeidlich um alle Gegenstände, Geschehnisse und Emotionen einen sprachlichen Rahmen. Die Sprache ist unser Ruhm und unsere Falle, unsere größte Freiheit und unser Hochsicherheitsgefängnis. Ehe wir es recht merken, verhärten sich die spinnwebfeinen Worte, die wir ursprünglich gebildet hatten, um mit ihnen unsere flüchtigen Erfahrungen zum Ausdruck zu bringen, zu starren Glaubenssätzen, die den Fluss vorbeiziehender Augenblicke und neuer Sinninhalte stauen.

Dann richten unsere heiligsten Worte und Symbole – die religiösen und politischen Begriffe, die die vorherrschenden Mythen unserer Kultur verschlüsseln – eine tyrannische Zwangsherrschaft über unser Denken, Fühlen und Fantasieren auf. Ehe wir es recht merken, wird auf diese Weise unsere gedankenlose Anhänglichkeit an den Gott, der die »Demokratie«, den »Kapitalismus« und die »Freiheit« segnet, zur Rechtfertigung dafür, unsere Lebensart anderen aufzuzwingen, die wir, wenn sie sich dagegen wehren, zu unseren »Feinden« erklären. So wird unser Geist unmerklich von den Stimmen und Werten von Vertretern der öffentlichen Meinung, Autoritäten und Experten kolonisiert.

Sobald sich die Meinungsmacher, Werbefachleute, Propagandisten und religiösen Autoritäten der Sprache bemächtigen, wird das heilige Band zwischen Wort und Wahrheit durchtrennt. Damit ist das Grundvertrauen, auf dem die ganze Zivilgesellschaft beruht, zerstört: nämlich das Vertrauen, dass wir immer die Wahrheit sagen und zu unserem Wort stehen. Wenn systematisches Lügen, Täuschen und Geheimhalten zur Lebensart wird, wie das in den USA unter der Präsidentschaft von George W. Bush der Fall war, verliert die Öffentlichkeit das Vertrauen, dass Regierungsvertreter die Wahrheit sagen, und es beginnt der Zynismus zu blühen.

Jede religiöse oder säkulare Institution und Berufsgruppe hat ihren Fachjargon. Es liegt in der Natur von Berufsgruppen und Organisationen, spezielle Redeweisen zu entwickeln, die nur Insider richtig verstehen, während sie anderen unklar bleiben; Profi sein heißt, verschlüsselt zu sprechen. Wenn der Nichteingeweihte eine politische Stellungnahme, einen theologischen Text, eine ärztliche Diagnose oder einen Zeitschriftenartikel über den Strukturalismus liest, ist das, als müsse er einen verschlüsselten Text entziffern. Bei Professionellen aller Art – Juristen, Politikern, Geschäftsleuten, Seelsorgern und Priestern – ist es nicht selten, dass sie bewusst unklar, hochkompliziert und geheimnisvoll reden, um spüren zu lassen, dass sie über ein Wissen verfügen, das der Laie nicht hat, und damit über besondere Macht.

Zu Beginn der christlichen Ära hieß es, der Geist sei Fleisch geworden. Aber dann wurde der Geist Wort *(logos)* und Worte wurden zum Sakrament, und das wiederum wurde zur Grundlage der Kirche. Je stärker die Theologie ihre Herrschaft über den lebendigen Geist ausbreitete, desto weiter entfernte sich die Christenheit von ihrem Ursprungsereignis. Die Verfasser der Glaubensbekenntnisse vollbrachten ein umgekehrtes Wunder: Sie verwandelten Wein in Wasser.

Wie können wir den Bann der religiösen Sprache brechen, aus der Hypnose des Gott-Jargons aufwachen und uns dem Zug der Schwerkraft der im Judentum, Christentum und Islam steckenden politischen Ideologien entziehen?

Das erste Gegenmittel gegen die Prostitution der Sprache ist die freiwillige Enthaltsamkeit. Man muss zu dieser Sprache einfach »Nein« sagen. Der protestantische Theologe Paul Tillich sagte, die großen Wörter wie Glaube, Hoffnung, Liebe, Gnade, Sünde und Erlösung verfielen zeitweise derart der Verharmlosung und Bedeutungslosigkeit, dass man sie eigentlich einmal eine ganze Generation lang überhaupt nicht mehr verwenden sollte. Wir sollten für alte, geheiligte und überstrapazierte Wörter ein Moratorium ausrufen, ein verbales Fasten.

Tatsächlich haben die Mystiker aller großen religiösen Traditionen immer davor gewarnt, sich allzu sehr an die Sprache zu gewöhnen, mit der man »G.« beschreibt. Manche Theologen empfahlen die *via negativa*, das heißt eine Form des Sprechens über »G.«, bei der man der geheimnisvollen Wahrheit treu bleibt, dass wir eher wissen, wie »G.« *nicht* ist als wie er ist. In diesem Sinn sagte Martin Luther, dass der, den wir mit unseren Namen und Definitionen zu fassen versuchten, ein verborgener »G.« bleibe.

Ein Weg, den ursprünglichen Sinn und die Kraft der Religion wiederzuentdecken, ist der, sich an die radikale Disziplin der sprachlichen Askese zu halten. Verordnen Sie sich ein strenges verbales Fasten: Specken Sie ab; fegen Sie Ihr Haus rein. Während des Monats Ramadan essen gute Muslime von Tagesanbruch bis Sonnenuntergang nichts. Die Enthaltung von unseren üblichen Mustern des Essens und Trinkens schärft das Geschmacksempfinden *und* die Sprache.

Hören Sie auf, die zerfledderte Sprache, die abgenutzten Glaubensformeln, die erschöpften Metaphern zu gebrauchen, die einst voller Leben waren, aber jetzt in die Museen überholter Glaubensvorstellungen gehören. Geben Sie die archaischen Begriffe auf, die unseren Umständen nicht mehr entsprechen. Die primitive Vorstellung, wir könnten durch das blutige Opfer eines Tieres gereinigt werden oder eines Erlösers, der stellvertretend unsere Sünden sühnt, macht dem heutigen Geist genauso wenig Sinn wie ein dreistöckiges Universum mit dem Himmel oben und der Hölle unten.

Was würde passieren, wenn Kirchen, Synagogen und Moscheen eine Zeit des verbalen Fastens halten, also mit ihren alten Geschichten und traditionellen religiösen Sprachen einmal eine Sendepause einlegen würden? Zunächst würde wahrscheinlich alles schlimmer werden. Die Menschen würden nicht mehr wissen, wie sie über religiöse Themen sprechen sollten. Aber nach und nach würden die Gemeinden anfangen, mit neuen Metaphern zu experimentieren und eine neue Glaubenspoesie zu schaffen, indem sie einander neue Geschichten erzählen und sich gegenseitig helfen würden, frische Ausdrucksweisen für ihre ewigen Ängste und Hoffnungen zu finden.

Als ich mich vor Jahren erstmals selbst einmal an diesen Rat hielt, stellte ich eine Liste aller religiösen, politischen und psychologischen Begriffe auf, die ich ständig gebrauchte, und zwang mich, sie aufzugeben: Neurose, Verfolgungswahn,

Rechtfertigung durch Glauben, Gnade, Sünde, Entfremdung, Mystik, Spiritualität, Glaube, Hoffnung, Berufung usw. (Ich sagte meinen Kindern, ich würde jedes Mal einen Dollar in eine Büchse werfen, wenn ich versehentlich einen dieser Begriffe gebrauchte – was ein teures Versprechen wurde.) Ich hörte mit Beten auf, las keine religiöse Literatur mehr und ging nicht mehr in die Kirche. Soweit ich das konnte, ließ ich an die Stelle dieser alten Wörter Schweigen treten.

Zunächst bekam ich Angst. Das Schweigen war schmerzlich lästig. Ohne meine vertraute Sprache verschwand der Gott, den ich gekannt hatte, vom Horizont meines Lebens und ließ mich mit dem Gefühl zurück, nackt und verletzlich dazustehen. Ohne diesen Gott waren meine Grundwerte und der Kern meines Identitätsgefühls in Frage gestellt.

Nach und nach nahm dann das Schweigen einen anderen Wert an. An die Stelle von Gott trat »G.«. Die bedrohliche Leere wurde zur köstlichen Erwartung, so wie bei einem Liebhaber, der still darauf wartet, bis der Gegenstand seiner Sehnsucht auf den Plan tritt. Die Angst, die ich empfunden hatte, erwies sich plötzlich als grundlos, ja amüsant. Wie hatte ich nur, so fragte ich mich, in die absurde Vorstellung verfallen können, dass der Eine mit den zehntausend Namen nur im Rahmen meines beschränkten religiösen Vokabulars von Bestand sein könne? Jetzt kam es mir unwahrscheinlich vor, dass der Unerkennbare am Hungertod sterben werde, wenn ich ihm nicht mehr die alten Brandopfer darbrachte.

(Es wäre interessant, zuzusehen, was mit Konzernen passieren würde, in denen es hundert Tage lang verboten wäre, über Profite, Verluste, Aktionäre, Wettbewerb und Marktanteile zu sprechen. Manche Mitarbeiter würden sich dann vielleicht laut fragen, ob das, was sie jede Woche fünfzig oder sechzig Stunden lang tun, wirklich das darstelle, womit sie ihre weiteren dahineilenden Jahre verbringen wollten. Andere würden sich vielleicht fragen, ob das Produkt, das sie auf den Markt brachten, ökologisch tragbar oder ob ihr Beitrag zu einer globalen Wirtschaft dazu angetan sei, denen auf dem

Planeten zu nützen, die es am dringendsten brauchten, oder ob es nicht besser wäre, als Kriterium für den Erfolg unserer Gesellschaft nicht das Bruttosozialprodukt anzusehen, sondern das Bruttosozialglück [wie man das in Bhutan tut].)

Eine nie endende Reise: Die Fragen lieben

In der Wüste ist nichts genau das, was es zu sein scheint. Da schimmert kurze Zeit ein ferner See auf, der Erleichterung und Erfrischung verheißt, und wenn man ihm näher kommt, verschwindet er. Sandstürme verfinstern die Sonne und lassen den unbedachten Reisenden in Kreisen gehen. Quellen und Oasen, die einst üppig grün waren, vertrocknen und verschwinden unter dem Treibsand. In der Wüste leben heißt, endlos auf der Suche nach Wasser und Wild zu sein. Wollen wir uns auf die Suche nach etwas Neuem begeben, müssen wir die Werte und Sorgen in Frage stellen, die uns bislang beherrscht haben.

Sigmund Freud hatte nicht ganz recht, denn es stimmt zwar, dass viele von uns nachhaltig unter ihren Kindheitsverletzungen leiden, aber noch öfter leiden wir unter einer Leere; unter dem, was uns nicht zuteil wurde und was wir nicht gefunden haben, weil wir bestimmte Fragen nie gestellt haben.

Fragen stellen ist nicht etwas, was wir tun, sondern etwas, was wir *sind*: Wir sind von Grund aus Fragende. Würde man mein Gehirn sezieren, so könnte man herausfinden, dass die neurochemischen Schaltkreise und die komplexen Zellverbände, die mein Gehirn und meinen Geist ausmachen, so individuell sind wie meine Fingerabdrücke. Aber über diese organische Grundlage hinaus stellen sich als die eigentlichen Fragen, die meinem Leben seine Gestalt geben, Fragen von der Art wie: Was macht mich statt zu Rupert Murdoch zu Sam Keen? Warum verbringe ausgerechnet ich meine Tage nicht damit, wie Murdoch möglichst viele Nachrichtenmedien zu erwerben, sondern beschäftige mich mit den Unwägbarkeiten der Erfahrung des Heiligen und den Umrissen einer künftigen Religion?

Nichts wirkt sich auf die Gestalt unseres Lebens stärker aus als die Fragen, die wir stellen, die Fragen, die zu stellen wir uns weigern, und die Fragen, die zu stellen uns überhaupt nie einfällt. Unser Kopf, unser Körper, unsere Gefühle und unsere Beziehungen hängen buchstäblich von unseren Fragen ab. Das, was das Wesen eines einzelnen Menschen entscheidend ausmacht, ist die Art, wie und welche Fragen er stellt. Die Menschen, die in der Geschichte etwas Nachhaltiges anstießen – sei es zum Besseren oder Schlechteren –, schlugen die gängigen Weltbilder, Werte und Mythen ihrer Zeit in den Wind und entschlossen sich, die Antworten auf ihre tiefsten Fragen selbst zu suchen.

Hier eine willkürliche Auswahl von Beispielen:

»Wie kann man dem Leiden ein Ende setzen?« – Buddha

»Was ist ewig und unwandelbar?« – Platon

»Was ist der Wille Gottes?« – Jesus

»Wessen kann ich gewiss sein?« – Descartes

»Inwiefern ist ein Apfel wie ein aufsteigender Mond?« – Sir Isaac Newton

»Warum liegen die frei geborenen Menschen überall in Ketten?« – Karl Marx

»Welchen Sinn haben die Träume?« – Sigmund Freud

»Wie können wir eine Herrenrasse heranzüchten?« – Adolf Hitler

»Spielt Gott mit dem Universum Würfeln?« – Albert Einstein

»Inwiefern ist eine Frau anders als ein Mann?« – Betty Freidan

Die Fragen, die wir gewohnheitsmäßig stellen, sind entscheidend dafür, ob wir oberflächlich oder tiefgründig sind, den Status quo hinnehmen oder auf der Suche danach sind, wie man zwischen den Völkern Frieden stiften oder zur Vernichtung der Menschheit beitragen kann. Sie spiegeln unsere Werte, Bedürfnisse, Umstände und Situationen. Was dem Leben des Menschen Tiefe gibt, ist der Mut, die großen mythischen Fragen zu stellen. Diese Fragen liefern eine Art Antikörper, die uns gegen die Krankheiten der Orthodoxie und Ideologie immun machen, auch wenn sie uns zuweilen dazu verführen, neue Pseudo-Religionen zu erschaffen, wie etwa den Faschismus oder Kommunismus. Aber solange wir immer wieder auf die großen nicht beantwortbaren Fragen zurückkommen, entfernen wir uns nie zu weit vom endlosen Himmel und den beschleunigenden Winden des Geistes.

Aber was ist, wenn wir das nicht tun?

Wenn ich mir nie die Frage stelle: »Was sind meine Gaben?« und: »Was ist meine Berufung?«, kann es sein, dass ich meinen Lebtag in einem Beruf arbeite, der mir wenig oder überhaupt keinen Sinn schenkt. Wenn ich mich nicht frage: »Will ich wirklich bereit sein, den erklärten Feind meiner Regierung zu töten?«, gehe ich vielleicht zum Militär und gerate womöglich in eine Kampfsituation, in der ich nur noch vor der Wahl stehe, zu töten oder getötet zu werden. Wenn ich mir nicht die Frage stelle: »Soll ich meine Wertvorstellungen verraten, um den Interessen meines Arbeitgebers zu dienen?«, verändere ich eher meine Persönlichkeit entsprechend dem, wie ich beruflich vorwärtskommen kann. Wenn ich mich nicht frage: »Wer bin ich? Wie sieht meine Geschichte aus?«, ist die Wahrscheinlichkeit groß, dass ich mich von den Mythen, Skripten und Klischees der gegenwärtigen Kultur bestimmen lasse. Wenn ich mir nie die Frage stelle: »Was glaube ich über Gott und den letzten Sinn des Lebens?«, lebe ich wahrscheinlich eher unbewusst mit einer profanen Ideologie oder einer unkritischen religiösen Orthodoxie.

Authentisch religiös zu sein besteht nicht darin, irgendein Glaubensbekenntnis zu bejahen oder den unerschütterlichen Glauben an einen transzendenten Gott zu haben. Vielmehr bedeutet es, sich leidenschaftlich mit der Frage nach dem Sinn des Daseins zu beschäftigen und mit Fragen nach Ursprung, Bestimmung und Zweck zu leben, nicht weil das beantwortbare Fragen wären, sondern weil uns die Mythen unserer jeweiligen Kultur mitreißen, wenn wir aufhören, diese Fragen offen zu halten und mit ihnen zu leben.

Diese ewigen, nicht beantwortbaren Fragen setzen uns auf den Weg einer lebenslangen philosophischen Suche

- *nach dem Ursprung:* Warum ist etwas statt nichts? Wo liegt der Ursprung des Lebens? Meines Lebens?
- *nach der Bestimmung:* Worauf läuft die ganze Geschichte hinaus? Worauf mein Leben? Wer oder was ist die treibende Kraft dahinter?
- *nach dem Tod:* Worauf kann ich im Sterben hoffen? Gibt es ein Leben nach dem Tod? Eine Unsterblichkeit der Seele? Eine Auferstehung des Leibes? Reinkarnation? Völliges Zunichtewerden?
- *nach der Identität:* Wer bin ich? Wie werde ich zu dem einmaligen Selbst, das meine Bestimmung erfüllt? Wie gewinne ich meine Freiheit von der biologischen Notwendigkeit und von dem Mythos, den meine Kultur meinem Körper, meinem Geist und meiner Seele auferlegt hat?
- *nach der Berufung:* Hat mein Leben einen bestimmten Sinn? Wenn ja, was ist der Sinn meines Lebens? Wie trage ich über mein eigenes Leben hinaus zu anderem Leben bei?
- *nach der Gemeinschaft:* Zu welchen Menschen gehöre ich? Habe ich Feinde? Wenn ja, wer sind sie?
- *nach der Autorität:* Wer steht über mir? Wer ist der Urheber meiner Geschichte? Wie sehen die Spielregeln aus? Was bin ich zu tun verpflichtet? Warum?
- *nach dem Lebensweg:* Wie sieht die Wanderkarte des Lebens aus? Wie sind die Wegstationen beschaffen? Wie soll ich mich als Kind, als Heranwachsender, als Erwachsener, als Älterer verhalten?
- *nach dem Bösen:* Warum gibt es Böses? Warum leiden die Guten und geht es den Bösen zuweilen so gut? Oder ist es umgekehrt? Gibt es eine letzte Gerechtigkeit? Was kann ich tun, um die Macht des Bösen zu mindern?
- *nach der Unrast und dem Kranksein:* Was stimmt mit mir

nicht? Mit den Menschen überhaupt? Warum gibt es Unzufriedenheit und Schmerzen? Warum sind wir zuweilen so selbstzerstörerisch?

- *nach dem Heilsein:* Was ist Ganzheit, was Gesundheit? Welche Patentrezepte, Arzneien, Heilmittel gibt es? Wer kann helfen, wer kann heilen?
- *nach »G.«:* Sind wir im Universum allein? Gibt es eine übermenschliche Intelligenz, die sich um uns sorgt?

Zunächst fühlte sich der Verlorene Sohn in der gleichnamigen biblischen Geschichte im Haushalt seines Vaters wohl. Er akzeptierte und praktizierte den überkommenen Glauben. Aber schließlich wurde sein Geist von Fragen beunruhigt, auf die er keine Antwort fand und ihm auch seine Angehörigen keine geben konnten. Auf der Suche nach Antworten zog er von daheim fort, hinaus in die Wüste und ins ferne Land der Skeptiker und Fleischtöpfe. In kalten Nächten unter Fremden packte ihn oft die Sehnsucht nach der Wärme und Sicherheit von daheim und schob seine Zweifel beiseite. Aber seine Fragen ließen sich nicht zum Verstummen bringen. Sie dröhnten in ihm wie die dumpfen Schläge einer großen Trommel in einer weiten Leere.

Nach einiger Zeit war er derart ruhelos und erschöpft davon, keinen Weg zu finden, der ins Land der Unschuld zurückführte, in dem er einst gelebt hatte, dass er in Verzweiflung geriet und beschloss, seine Suche aufzugeben. Aber etwas in ihm trieb ihn zum Weitermachen an, und nach und nach fügte er sich darin, ein verunsicherter Pilger auf dem Weg zu einem Bestimmungsort zu sein, den er nicht kannte. Und da, eines Nachts in einem fremden Land, ging ihm mit der Klarheit einer Sternschnuppe in einer mondlosen Nacht auf, dass seine quälenden Fragen sein Schatz, seine Freude und seine Führer auf einem nie endenden Abenteuer in einer Wüste, einer Oase und einer wunderbaren Welt geworden waren, die ihm Heimat geworden war.

3. Kapitel

Die verborgene Oase

Was die Wüste wunderschön macht, ist,
dass sie irgendwo einen Brunnen birgt.
Antoine de Saint-Exupéry

Es geschah vor langer Zeit in einer der finstersten Phasen meines Lebens. Ich hatte meine Professur niedergelegt, war von der Frau meiner jungen Jahre geschieden worden und lebte allein in San Francisco, fast zweieinhalbtausend Kilometer von meinen Kindern entfernt. In diesen Tagen bestand meine Hauptbeschäftigung in dem Versuch, herauszufinden, was mit mir nicht stimmte. Warum war ich immer so ängstlich? Warum kreiste ich so schmerzlich um mich selbst? Ich hatte das Gefühl, je mehr ich die Disziplinen der Selbstüberprüfung, des Infragestellens und der Askese übte, die mir hätten helfen sollen, mich selbst besser wahrnehmen und akzeptieren zu können, desto stärker verfiel ich in die Depression.

Eines Tages bekam ich eine Postkarte von einem weisen Freund, Rabbi Zalmon Schacter. Darauf stand: »Du wunderst Dich wahrscheinlich, warum sich Deine Freunde verstärkt um Dich bemühen. Ich weiß, dass Du das Gefühl hast, im Finstern festzusitzen. Aber Du bist wie eine Raupe, die gerade dabei ist, sich aus ihrem Kokon zu befreien und zum Schmetterling zu werden. Du selbst merkst das gar nicht. Aber Deine Freunde merken, dass das im Gang ist.«

Diese Karte wirkte wie ein Blitzschlag mitten in meine Finsternis hinein. Sollte ich tatsächlich im Begriff sein, in eine neue helle Phase hinein aufzubrechen? Bereits der Gedanke, dass ich möglicherweise in einem Prozess der Metamorphose sein könnte, erfüllte mich mit Hoffnung. Ungefähr eine Woche danach wachte ich mitten in der Nacht mit dem Gefühl auf, dass etwas Eigenartiges im Gang sei. Es war, als hätten sich die Polarlichter in meinem Fleisch inkarniert und sei jede Farbe des Regenbogens mit einer anderen erotischen Empfindung geladen, und alle diese Empfindungen durchliefen meinen Körper von Kopf bis Fuß. Licht, Behagen und Freude bildeten ein nahtloses Ganzes und ich empfand die Wonne, mich einer Wirklichkeit zu übergeben, die stärker als mein kritischer Geist war. Ich weiß nicht mehr, wie lange ich still dalag und einfach dieses Empfinden genoss, bis ich wieder einschlief. Ich wachte früh auf, fühlte mich ganz erfrischt und wusste, dass Zalmon recht gehabt hatte. Ich war ganz behutsam ins Licht hinein aufgetaucht. Jetzt, siebenunddreißig Jahre danach, ist für mich diese Nacht der eindeutige Zeitpunkt, an dem ich eine verborgene Oase betreten hatte, in der ich wohlwollende Geister und Helfer gefunden hatte und die elementaren Emotionen wiederfand, die mich in die Gegenwart des Heiligen initiierten.

Der Weg, der in eine Oase führt, ist zunächst kaum wahrnehmbar. Er ist nur eine leichte Kehre hinaus aus der dürren Landschaft und den schmerzlichen Disziplinen der Selbsterforschung, des Infragestellens und der Askese, eine Wende in Richtung Verheißung, verwandelt zu werden – grüne Felder duften und Bäume, die ein noch unsichtbarer Lebensquell nährt, fangen zu blühen an.

Die Verwandlung, die in der Wüste beginnt, geschieht in der inneren spirituellen Landschaft und verändert nicht mit einem Schlag alle praktischen Umstände unseres Alltagsdaseins. Zur Beschreibung dieser Erfahrung wurde schon ein breites Spektrum von Metaphern verwendet.

> Das ist, wie wenn
> die Finsternis lichtvoll wird;
> uns unerwartet Freude überrascht;
> Mut die Angst vertreibt;
> wir von unserer Unrast geheilt werden;

wir voll und ganz lebendig sind, auch wenn wir immer noch sterben werden;
unsere Verteidigungsmechanismen wegfallen und wir den Mut bekommen, in einer gefährlichen Welt verwundbar zu leben;
wir wieder alles mit unschuldigen Augen sehen können;
wir neugeboren werden;
eine Raupe aus dem Kokon schlüpft.

Diese Metaphern von Erwachen, Erleuchtetwerden und Metamorphose verweisen auf den kurzen Augenblick einer Gipfelerfahrung. Aber William James hat uns gewarnt, dass es gewöhnlich leicht sei, religiöse Erfahrungen zu haben, jedoch schwierig, ein religiöses Leben zu führen. Bevor wir also überlegen, wie wir unser religiöses Leben gestalten sollen – dabei geht es darum, wieder unsere elementaren Emotionen aufleben zu lassen, auf poetische Weise von »G.« sprechen zu lernen und Gerechtigkeit zu üben –, wenden wir unsere Aufmerksamkeit jenen weithin flüchtigen Erfahrungen zu, die uns die Vorahnung schenken, dass wir in ein heiliges, alle empfindenden Lebewesen umfassendes Gewebe einbezogen sind. Zu diesen kleinen Oasen gehören: Erinnerungen an paradiesische Augenblicke in unserer Kindheit; ein jähes Gefühl, beseelt oder enthusiastisch (»von einem Gott besessen«) zu sein; kurze Epiphanien, das heißt Wahrnehmungen des Heiligen.

Erinnerungen an das Paradies

Ich entsinne mich einer Zeit, in der meine Welt magisch und jeder Augenblick mit einem Gefühl des Numinosen erfüllt war. Vor langer, langer Zeit bewohnte ich einen Garten voller unschuldiger Wonnen und heiliger Lust. Vor meinem Fall in die Religion der Presbyterianer und in die moderne Profanität lebte ich in einer nahtlosen Welt ohne klare Grenzen zwischen Zeit und Ewigkeit, mir und den anderen, Heiligem und Profanem. Ich war sechs Jahre alt und es gab nur »Jetzt« und »Für Immer«.

Ich erinnere mich, wie ich in den Spiegel starrte, die Augen des Fremden in meinem gespiegelten Ich sah und die Fragen stellte: »Wer bist du? Woher kommst du? Warum bist du da?« Sogar schon damals wusste ich, dass ich, der Erkennende, mich selbst nie erkennen würde.

Ich erinnere mich, wie ich bei meinem Vater auf dem Schoß saß, für immer sicher, der Wirklichkeit des Todes enthoben, und die Schwingungen seiner festen Baritonstimme spürte, mit der er mir ein Kinderlied vorsang, das dem Rhythmus meines Herzens entsprach.

Ich erinnere mich, wie ich im Sommer in einer Mondnacht im Freien auf dem Boden lag und dem endlosen Vorbeiziehen der Wolkenburgen zusah, die nur zu meiner Belustigung gebaut worden waren.

Ich erinnere mich, wie ich in finsteren Nächten aufwachte, wenn der Chor der Zikaden jäh von rätselhaften Geräuschen im Hinterhof unterbrochen wurde. Waren da Bären? Oder Einbrecher? (Es stellte sich heraus, dass es bloß unser Nachbar war, den seine Schlaflosigkeit umtrieb.)

Ich erinnere mich, wie ich in Bächen Steine aufschichtete, um eine kunstvolle Symphonie aus Wassermusik zu erzeugen: Geplapper, Geplätscher, Gegurgel, Gerausche.

Ich erinnere mich an vollkommen normale Morgen, an denen alles von Erwartung geladen war, so als sei die Welt von einem ständigen Warten auf das Christkind am Heiligabend durchdrungen und könne hinter jedem Busch oder Baum eine besondere Überraschung auf mich warten.

Beseeltes, enthusiastisches Leben

Das überkommt einen jäh. Dann weicht Totsein neuem Leben. Dann schwindet die Depression; die Phantasie beginnt ihr munteres Spiel und entwirft neue Möglichkeiten. Unerwartet fallen die Ketten ab und wir stellen überrascht fest, dass wir das pralle Leben erfahren. Langsam, so wie ein Chirurg sein Skalpell führt, tragen wir die Schichten kultureller Mythen, Rollen und uns zugewiesener Identitäten ab, die unsere Fähigkeit zum Leben abtöten, und wir rühren an den lebendigen Kern unseres Seins.

Im Englischen gibt es dafür den Begriff *to quicken*, der im Wörterbuch von Webster so definiert wird: »Beleben, lebendig machen, wiederbeleben oder auferwecken wie aus dem Tod oder einem Zustand der Bewusstlosigkeit, und von daher auch anstacheln, stimulieren, zusätzliche Energie verleihen. Dabei geht es vor allem um neuen Schwung in einem resignierten Leben oder eine Steigerung des Lebens oder das Wachrütteln zu voller Aktivität, gewöhnlich ganz plötzlich.«

Man hat gesagt, Jesus sei gekommen, um die Aufgeweckten zwischen den Toten herauszuholen, den Geist aus dem Buchstaben, das lebendige Herz der Religion aus dessen toter Hülle, die Nuss aus der Schale. Eine radikale Vorstellung! Unter der Hülle, unter der Kruste, unter der Rüstung, die uns vor dem Leben schützt, liegt der Bereich der höchsten Sensibilität. Diese Zone des Weichen und Empfindsamen ist der heilige Boden, auf dem wir am lebendigsten sind, die Stelle, an der wir ans große Geheimnis unseres Daseins rühren.

> *Frage nicht, was die Welt braucht. Frage, was dich lebendig macht, und dann geh aus dir heraus und tu das. Denn das braucht die Welt: Menschen, die zum Leben erwacht sind.*
> Howard Thurman

Epiphanien: Das Heilige sehen

> Mit einem Augenzwinkern
> verändert die Welt immer wieder ihr Gesicht:
> Das ist Apokalypse, Epiphanie, Wandel der Gestalt.

Wir erfahren die Welt als sowohl profan als auch numinos. Eine Epiphanie ist ein Ereignis, bei dem in unserem Sehen ein

Schalter vom Profanen zum Heiligen umgelegt wird. Das kann für einen kurzen Augenblick sein oder ein Leben lang andauern.

Mein Nachbar hat einen jungen Berglöwen beobachtet, der den unteren Teil meiner Farm an der Stelle überquert hat, an der der Fluss gegen Klippen schäumt, deren vulkanische Ausbuchtungen je nach Lichteinfall vielerlei Formen annehmen können, ähnlich wie Wolken immer wieder eine andere Gestalt haben. Ich habe den geradezu besessenen Wunsch, einen Blick auf dieses misstrauische Tier zu erhaschen. Als ich am dämmrigen Spätnachmittag durch das dichte Gestrüpp streife, sehe ich plötzlich das majestätische Tier ausgestreckt auf einem flachen Stück Klippe liegen. Ich strenge meine Augen an. Warum bewegt es sich nicht, versucht nicht zu fliehen? Plötzlich verschwindet es lautlos. Oder wurde es zu dem flachen Busch, der leicht im Wind schwankt? Gerade noch konnte ich keinen Busch sehen. Jetzt kann ich keinen Löwen mehr sehen.

Ich stehe im Supermarkt an der Kasse an. In meiner Eile, nach Hause zu kommen, bin ich gereizt. Die Kassiererin lässt sich auf ein Geplauder mit der Frau ein, die ihre Waren einpackt. Selbstgerecht fahre ich sie an: »Geht das nicht ein bisschen flotter?« Dann sehe ich sie zum ersten Mal genauer an und merke, wie steif ihr Nacken ist und was für ein trauriger Ausdruck in ihren Augen liegt. Jäh ist für mich aus der anonym Funktionierenden ein Mensch geworden, von dem ich spüre, dass er meiner Achtung wert ist. Ich sage: »Entschuldigen Sie, dass ich Sie so angefahren habe.« Sie erwidert mit einem Lächeln: »Ist schon gut. Ich habe heute auch meinen schlechten Tag.«

Das Heilige ist ein Trickspieler, ein Clown, ein Wechselbalg. Es blitzt auf und verschwindet, verschwindet und blitzt auf. Jäh wird aus einem Berglöwen ein Busch oder aus einem »Es« ein »Du«. Es ist wie das Vexierbild, in dem man entweder den Kopf einer alten Frau oder die Gestalt einer jungen Frau erkennt. Beides zugleich kann man nicht sehen. Das eine

Bild kippt jäh ins andere um, obwohl alle Einzelheiten die gleichen bleiben. Es ist wie ein Versteckspiel. Jetzt sieht man es, dann wieder nicht. Das Heilige und das Profane spielen immerzu »die Reise nach Jerusalem«.

Der Blick für das Heilige enthüllt kein Faktum, das nicht der säkularen Untersuchung zugänglich wäre. Da gibt es keine Wunder, keine übernatürlichen Ereignisse, kein besonderes Wissen. Wenn es in der Theologie darum geht, dass der Buddha von einer Jungfrau geboren oder der Leib Christi physisch auferweckt wurde und nach seinem Tod noch einmal durchs Heilige Land ging, ist sie eine Wissenschaft, die sich mit mirakulösen Tatsachen beschäftigt. Aber wenn Gläubige und Ungläubige ein und dieselbe Welt bewohnen, sie jedoch unterschiedlich erfahren und interpretieren, lässt sich die Theologie einfach als eine Kunst wie die Poesie oder die Musik verstehen, die zum Ausdruck bringt, was es bedeutet, in einer heiligen Welt zu leben, die sich unseren allzu einfachen Erklärungen entzieht.

Der bekannte Theologe Paul Tillich erzählte gern die Geschichte von dem Jungen, der mit seinem Vater über Land ritt. Der Junge sah auf dem Feld einige Tiere grasen und fragte: »Was sind das?« »Kühe«, gab der Vater zur Antwort. »Warum?«, fragte der Junge. Beide, der Junge und der Vater, schauten auf die gleichen Tiere, aber der Vater war in der säkularen Einstellung des objektiven Sehens befangen, der Junge dagegen verfügte über die ehrfürchtige Einstellung des Staunens. Warum sollten da Kühe sein? Warum war da auf dem Feld etwas statt nichts?

Jede Epiphanie, mag sie ausgelöst werden durch die plötzliche Wahrnehmung der ungemein komplizierten Konstruktion unseres Auges, des Sternenhimmels über uns, des Moralgesetzes in unserem Inneren oder der charismatischen Person Jesu oder Mohammeds, verweist auf die gleiche unaussprechliche Wirklichkeit: dass die Welt heilig ist und sich letztlich unserem Verstehen entzieht. Selbst wenn die Wissenschaftler alle Fragen gelöst haben sollten, wie es zur Evolution von Kühen kam, bleibt uns immer noch die Frage, warum es überhaupt Kühe gibt.

Wie Epiphanien entstehen, entzieht sich jeder Erklärung. Im Kern dieser Erfahrung steckt etwas Unsagbares, Unbenennbares, Krafterfülltes. In jenem überwältigenden Augenblick, in dem eine gewöhnliche Espe, ein Baum, den ich bislang für selbstverständlich gehalten hatte, vom goldenen Licht dessen, was nur eine numinose Wirklichkeit sein kann, in Flammen gesetzt wird, erwache ich für das Wunder des Seins. Da ist nichts Äußeres passiert, aber trotzdem hat sich alles verändert. Ich verharre schauend in der Gegenwart, die sich mir jäh offenbart.

Epiphanien ereignen sich zu bestimmten Zeiten und an bestimmten Orten. Weil sie immer nur einmal einem Menschen zuteil werden, sind Epiphanien und die elementaren Emotionen, die sie begleiten, immer in persönliche Erzählungen und Autobiografien eingebettet. Diese heiligen Augenblicke, die uns verblüffen, erleuchten und ermutigen, können für Außenstehende ohne großen Sinn sein, so wie das auch bei der Privatsprache zwischen Liebenden der Fall ist. Es gibt keine Möglichkeit, irgendjemand anderem genau das mitzuteilen, was uns in Begegnungen zuteil wird, in denen wir die Welt als unbeschreiblich anders empfinden. Aber wir können anderen davon erzählen.

Vor vielen Jahren erhielt ich einen Brief von einer mir unbekannten Frau: »Ich bin zweiundvierzig. Ich habe noch nie einen Liebesbrief bekommen und nie hat ein Mann mir Blumen geschenkt. Ich habe einen Selbstmordversuch gemacht und seither schon oft wieder an so etwas gedacht. Aber dennoch habe ich wunderbare Dinge erlebt, wie zum Beispiel einen Ahornbaum im Herbst, an dem jedes Blatt vollkommen golden ist; oder die winzige Blüte eines Unkrauts, deren Mikrokosmos aus vollkommenen Blütenblättchen nicht größer als ein Stecknadelkopf ist. Oder das Erwachen jeder einzelnen Jahreszeit mit ihrem ganz eigenen Duft, wobei Frühjahr und Herbst die intensivsten Gerüche bringen. Diese und viele andere Augenblicke der Gnade haben mich am Leben erhalten. Gott ist in den Details. Der gleiche Geist, der die Blumen beseelt, beseelt auch mich. Wir sind hier und jetzt am richtigen Platz und brauchen uns nicht nach einem Himmel zu sehnen.«

Genau wie die Geburt hat auch der Tod seine ganz eigene Art, uns in die atemberaubende Dimension des Geheimnisses des Lebens einzuweihen. Am 4. November 1964 flog ich von Louisville in Kentucky nach Prescott in Arizona, weil man mir mitgeteilt hatte, mein Vater liege im Sterben, und ich hoffte, ihn noch lebend anzutreffen. Am Flughafen holte mich ein Freund ab und eröffnete mir, vor einigen Stunden sei mein Vater gestorben. Noch jetzt, fünfundvierzig Jahre danach, empfinde ich Schmerz darüber. – Auch das Herrliche kann uns wehtun. In Arizona war der Herbst wie der Aufstand brennenden Goldes, das in den Winter hineinstirbt. Und ich begriff jenseits alles Zweifels, dass Schönheit vergänglich ist und ihr Verlust in unserem sterblichen Herzen einen unheilbaren Schmerz hinterlässt.

Das Erlebnis, dass unsere Landschaft etwas Heiliges an sich hat, führt uns in ein moralisches Dilemma. Wie können wir die Welt verehren und gleichzeitig gebrauchen? Alles, was als heilig angesehen wird, gilt zumindest grundsätzlich als unantastbar. Man sollte es in Ehren halten und als Ziel hochschätzen, statt es als Mittel zu benutzen. Aber das ist eindeutig nicht immer möglich. Wenn ich den Winter überstehen will, muss ich vielleicht meinen wunderschönen Espenbaum fällen, um Holz zum Heizen zu haben; oder ich muss vielleicht eines der anmutigen Rehe schießen, die mich in den wärmeren Monaten so entzücken. Die traditionellen Jäger und Sammler glaubten vom Wild, von dem sie als Nahrungsmittel abhängig waren, es habe sich ihnen im Lauf einer erfolgreichen Jagd geopfert. Die Buschmänner Südafrikas führten einen rituellen Tanz auf, mit dem sie die Tötung noch einmal nachspielten und der Antilope für ihr Leben dankten. Sie glaubten, dank dieses Rituals kehre ihre Beute zur Erde zurück und fülle die Herde wieder auf.

In vormoderner Zeit galt das Blutvergießen auf der Jagd und im Krieg als tragische Notwendigkeit, die der Buße und Reinigung bedurfte. In der modernen Weltsicht versucht man, dieses moralische Dilemma damit zu lösen, dass man alles Nichtmenschliche in der Welt zum Objekt erklärt, das man nach Bedarf gebrauchen kann. Aber wenn wir die Flüsse und Wälder, den Boden und die Luft entheiligen, zerstören wir am Ende das Netzwerk des Lebens, von dem wir abhängig sind.

Die der Religion eigene Aufgabe besteht darin, uns daran zu erinnern, dass wir trotz des tragischen Aspekts des Lebens, uns von anderen Lebewesen ernähren zu müssen, die Erde ehrfürchtig behandeln und mit allen empfindenden Lebewesen mitfühlend umgehen sollten. Auch wenn wir nicht in der Lage sein sollten, überzeugend vom transzendenten Gott der traditionellen Religion zu sprechen oder von einem Himmelreich jenseits der Weltgeschichte, sind wir nicht ohne Zeugnisse des Heiligen. Der Logos, das Wort, das dem Kosmos eingeschriebene göttliche Hologramm in allen großen und kleinen Dingen, ist immer noch im Schilpen eines Spatzen, im Säuseln des Windes und im Fallen eines Blattes zu erkennen. Jedes Elektron ist ein einzelner Buchstabe, jedes Atom ein komplexes Wort, jedes Molekül ein Satz; und jede Amsel erzählt ausführlich die endlos fortlaufende Geschichte. Das Meer flüstert immer noch das Lied, das mit dem Urknall eingesetzt hat. Horche auf die Sehnsucht deines Herzens nach Liebe und Gerechtigkeit und du hörst vielleicht das heilige Wort. Auf ehrfürchtige, andächtige Weise zu leben muss nicht heißen, sich einer Autorität, Schrift oder Institution zu unterwerfen, sondern es bedeutet, eine Autobiografie zu schaffen, in der wir die Geschichten der einzigartigen Epiphanien erzählen, die uns in unserem Leben beschieden waren.

Nichts
in der Welt
ist heilig.
Alles ist heilig:

nicht mirakulös, aber wunderbar,
nicht gesetzlos, aber ehrfurchtgebietend,
nicht launisch, aber anmutig,
nicht übernatürlich, aber sakramental,
voller Epiphanien,
ohne endgültig zu offenbaren,
ob es einen göttlichen Zweck oder Plan gibt.

Die Erkundung des Ur-Unbewussten

Als ich mich auf die Suche nach einer Wasserquelle für das Haus machte, das ich 1987 bauen wollte, waren die Regen längst gekommen und gegangen und hatten Agua Caliente als von der gnadenlosen Augustsonne ausgetrocknetes Flussbett zurückgelassen. In den niedrigen, schattigen Teilen des Flussbetts markierten Büschel hohen Grases die letzten feuchten Flecken. Beim Klettern durch umgestürzte Bäume und dichtes Gestrüpp fiel mir über dem Flussbett vor einem scheunengroßen Felsen eine kleine Gruppe üppig grünenden Farns in die Augen. Ich ging hin, griff mit den Händen in die Erde und fühlte die Feuchtigkeit. Woher kam sie?

Mit Hilfe eines scharfen Steins begann ich tiefer zu kratzen, bis das Wasserrinnsal unter dem Felsen verschwand. An den folgenden Tagen hob ich unter dem massiven Felsen mit Pickel und Schaufel ein Becken aus. Als sich der Schmutz des Wassers gesetzt hatte, konnte ich zwei klare Rinnsale erkennen, die weiter hinten unter dem Felsen herauskamen. Im Lauf des folgenden Monats baute ich mir aus Betonsteinen und Holzplanken eine Quellfassung und beobachtete dabei sorgfältig das Wasseraufkommen: stetig achtzehn Liter kristallklares Wasser pro Minute. Dabei konnte ich mir sicher sein, dass die Jahreszeiten meiner Quelle nichts antun konnten, selbst wenn die Regenfälle wieder einsetzten und der Fluss anschwoll. Sie stammte von verborgenem Wasser, das sich tief unter der Oberfläche des Landes bewegte. Wo war letztlich seine Quelle? Das weiß niemand.

Wer in der Wüste überleben will, muss lernen, verlässliche Wasserquellen zu entdecken und freizulegen, einen kleinen Brunnen oder eine Oase, die in Trockenzeiten grün bleibt. Lerne die alte Kunst des Rutengehens, werde erfahren darin, die geringsten Vibrationen verborgener Wasseradern zu spüren, die sich wie Ameisenstraßen unterhalb des Sands durch den Boden ziehen; entwickle die Fähigkeit, schon die leichteste Spur von Feuchtigkeit in der Luft zu wittern und den leisesten Hauch von Grün in der Landschaft wahrzunehmen.

Die zentrale Aussage dieses Buches besteht darin, dass die elementaren Emotionen: das Staunen, Erschrecken, Angsthaben, Fasziniert- und Dankbarsein sowie Freude, Demut und Ehrfurcht und das Gefühl absoluter Abhängigkeit (die wir uns alle etwas gründlicher ansehen wollen) angeborene Reaktionen auf das Menschsein sind, die einer tieferen Quelle entstammen als das, was sich kulturell unserer Psyche einprägt. Leider wurden diese Emotionen von der modernen Kultur ins Exil im Ur-Unbewussten verdrängt, von dieser Kultur, die die säkularen Tugenden des Besitzens und Verbrauchens, des Wettbewerbs und der technischen Innovation höher schätzt als die heiligen Tugenden des Staunens, der Ehrfurcht, der Dankbarkeit, des Mitgefühls usw. Diese elementaren Emotionen sind uns von Geburt an mitgegeben; derzeit wartet dieses Gut darauf, wieder in Anspruch genommen zu werden. Wir könnten die Kunst des Lebens in einer geheiligten Landschaft dadurch wieder erlernen, dass wir sie aus ihrem Exil im Ur-Unbewussten hervorholen und wieder ins Licht unseres Bewusstseins bringen.

Sigmund Freud hat uns gelehrt, dass wir die Erinnerungen an unsere privaten Höllen systematisch verdrängen: also alles, was uns in Form von Beschämung, Schuldgefühlen, Angst, Alleinsein und Einsamkeit geplagt hat, sowie auch unschuldige Sinnesfreuden und überschäumende erotische Energie. Aber infolge seiner Abneigung gegen die Religion übersah Freud, dass wir auch Erinnerungen an Zeiten verdrängen, in denen wir mit dem Heiligen in Harmonie waren. Er verlegte seinen Stolz darauf, sich an den vorherrschenden naturwissenschaftlichen Mythos seiner Zeit zu halten: an eine mechanistische Weltvorstellung, bei der der Beobachter Mensch vom Gegenstand, den er beobachtet, getrennt ist. Das Ergebnis war die Loslösung von unserem ekstatischen Einssein mit der Natur, die zur Folge hatte, dass alles seinen Zauber verlor.

Jede Kultur schafft ihr ganz eigenes Unbewusstes, das widerspiegelt, was sie wertschätzt und was sie tabuisiert oder sich nicht einmal vorstellen will. Was wir vergessen oder übersehen, ist die Kehrseite dessen, worauf wir aufmerksam achten und was wir wertschätzen wollen. Was in einem Zeitalter verdrängt wird, wird in einem anderen für selbstverständlich gehalten.

Freud unternahm einen mutigen Angriff auf das Unbewusste seiner Zeit. Derzeit werden jedes Laster und jede moralische Perversion, die im damaligen prüden Zeitalter fest unter der Decke gehalten wurden, in Film und Fernsehen, Zeitschriften und Internet sowie allen sonstigen Medien breit ausgewalzt. Im ungezügelten 21. Jahrhundert werden Lust, Gier, Geiz, Faulheit, Zorn, Neid und Stolz in den besten Sendezeiten des Fernsehens wenn nicht regelrecht als Tugenden vor Augen geführt, so doch jedenfalls mit Eifer aus dem Unbewussten hervorgeholt.

Die elementaren Emotionen, die wir verdrängen, stehen in starkem Gegensatz zur Palette der psychischen Emotionen Scham, Schuldgefühl, Neid, Stolz, Patriotismus und Ehre, die uns unsere Kultur als Reaktionen ans Herz legt. Das, was wir unser Ich oder unsere Psyche nennen, wird von Geschichten, Mythen, Ideologien und Emotionen bestimmt, die wir von unseren Eltern, unseren Gleichaltrigen und unserer Umgebung übernommen haben.

So löst zum Beispiel unser Grundinstinkt zum Selbsterhalt den Impuls zum Fliehen oder Kämpfen aus, wenn wir in eine bedrohliche Situation geraten. Aber die schlimme Gewohnheit, unsere Feinde nicht mehr als Menschen zu sehen, deren es bedarf, um gegen sie Krieg führen zu können, entstammt nicht unseren fest angelegten Instinkten, sondern unserer Prägung durch unseren Stamm. Kinder mögen spontan streiten, wenn sie nicht bekommen, was sie haben wollen, aber sie sind nicht von Natur aus feindselig. Gute Serben oder Tutsis lassen sich dagegen systematisch auf Angst und Hass konditionieren und können dann ohne die geringste Reue gute Kroaten oder Hutus niedermetzeln.

Das Konkurrenzverhalten, auf das ein amerikanischer Geschäftsmann stolz ist, würde einem Eingeborenen Australiens schändlich vorkommen. Eine Konsumgesellschaft ist für ihren Erhalt ganz eindeutig darauf angewiesen, dass die Emotionen der Unsicherheit und des Neids geschürt werden. Man macht uns vor, dass wir ohne Rolex-Armbanduhr und BMW nicht unser volles Potenzial ausleben können. Die Werbung weckt Wünsche und die Lust, auch alles das zu besitzen, was unsere Nachbarn besitzen. Wir beneiden sie um ihren Lebensstil und übersehen dabei, dass sie unter dem Überfluss leiden und womöglich von ihren Kreditkartenschulden überrollt werden.

Wenn die elementaren Emotionen überlagert oder verdrängt werden, verlieren wir den Sinn für die geheimnisvolle Natur des Lebens und gehen mit unserer Umwelt in zunehmendem Maß auf rein utilitaristische Weise um. Dann ist unser angeborenes Ehrfurchtsgefühl blockiert; nicht die Würde des Seins steht im Vordergrund, sondern die Hektik des Tuns. Wir tauschen dann unser heiliges Geburtsrecht gegen einen kulturellen Mythos ein, weil uns dieser eine sichere Identität, eine notwendige Rolle und das Gefühl der Zugehörigkeit zum Stamm verspricht.

Dass es das Ur-Unbewusste in uns tatsächlich gibt, können wir entdecken, wenn wir auf die emotionale Leere unseres Innenlebens achten. Wo eine Fülle lebhafter Emotionen sein sollte, ist da nur ein Vakuum. Auf ähnliche Weise diagnostizieren wir die Depression als Fehlen von Freude, Wiederholen destruktiver Verhaltensweisen, Mangel an Spontaneität und süchtige Abhängigkeit von Substanzen oder Beziehungen, die uns versklaven, aber nicht befriedigen.

Das Wunderbare am Geist des Menschen ist, dass er immer wieder auferweckt und neu werden kann. Sein Grund bleibt fruchtbar, und deswegen kann darauf die Hoffnung immer wieder gedeihen. Mögen die elementaren Emotionen noch so stark verdrängt sein, sie bleiben im Ur-Unbewussten lebendig. Sie können wie Samenkörner viele Jahre hindurch in der Wüste schlummern, aber beim ersten Regen blühen sie sofort wieder auf.

> *Zur Verblüffung der Wissenschaftler kann die Pflanze ihre angeschlagenen Gene wiederherstellen … Genetiker der Purdue University berichteten von ihrer verblüffenden Entdeckung, dass Pflanzen über die vollständige Version eines defizienten Gens verfügen, das sie von beiden Elternteilen geerbt haben. Das erweckt den Eindruck, als hätten sie von der Generation ihrer Großeltern oder einer noch früheren eine Sicherheitskopie mit der richtigen Version dieses Gens mitbekommen … Das heißt, manche Organismen scheinen eine verschlüsselte Sicherheitskopie ihres Genoms zu enthalten, die an den üblichen Vererbungsmechanismen vorbei weitergegeben wird … Genauso überraschend ist es, dass dieses geheimnisvolle Gen anscheinend nicht aus DNS besteht, also dem üblichen Vererbungsmaterial.*
>
> The New York Times, 23. März 2005

Wir Menschen sind nicht weniger unverwüstlich als Pflanzen. Wir verfügen über die angeborene Fähigkeit, eine korrekte Version des defekten Gens (oder Mythos oder Mems) zu erschaffen, das wir von unseren Eltern und unserer Kultur erben. Unsere elementaren Emotionen können uns jederzeit aus unserer Amnesie aufwecken, sodass wir wieder das unbegreifliche Geschenk des Daseins genießen können.

In den ersten Jahrzehnten eines Jahrhunderts voller ideologisch aufgeheizter Konflikte und Chaos müssen wir eine neue Expedition ins Innere unternehmen, die anders, aber nicht weniger kühn ist als diejenige, die vor einem Jahrhundert Freud unternahm. Das Ziel unseres Unternehmens ist es, unser Ur-Unbewusstes wiederzuentdecken, uns wieder unsere elementaren Emotionen anzueignen und sie genauer zu prüfen, um uns dann das erarbeiten zu können, was die Philosophie als »Phänomenologie der Erfahrung des Heiligen« bezeichnet. Wenn wir das universale und zeitlose Gespür für das Lebendige in einem heiligen Kosmos entdecken, versetzt uns das vielleicht in die Lage, der Geißel unserer religiös gefärbten Kriege zu entkommen. Wir wären damit auch gegen die Verführung durch säkulare Heilsversprechungen seitens der Wissenschaft und Technologie immun und könnten den gemeinsamen Grund finden, auf dem wir alle in friedlicher Gemeinschaft leben können.

4. Kapitel

Die Erinnerung an unsere elementaren Emotionen

Ich hätte nie erwartet, dass ich nach einem langen Leben immer noch nicht mehr verstehen würde, als nachts aufzuwachen und mir immer wieder nur zu wiederholen: Wie merkwürdig, merkwürdig, merkwürdig … O wie eigenartig und merkwürdig doch alles ist.

Czeslaw Milosz

Diese Ur-Intuition, dass alles höchst merkwürdig ist und wir mit unserem Einzel-Ich unsagbar hinfällige und brillante Beobachter einer Größe sind, für die wir durch alle Generationen hindurch Worte zu finden versucht haben: Sie ist die Erfahrung, auf der mir die Religion zu beruhen scheint.

Marilynne Robinson im *Harvard Divinity School Bulletin* vom Frühjahr 2008

Nach langer Zeit erreichen wir die Mitte der Oase, wo aus unbekannten Tiefen der Quell sprudelt und uns der Schatten vieler Palmbäume gegen die Glut der Mittagssonne abschirmt. Hier finden wir wieder unseren Schatz, die lange im Ur-Unbewussten verschlossenen Ur-Emotionen, und wir werden in die Wahrheit eingeweiht, dass das Heilige in unserer gewöhnlichen und zugleich geheimnisvollen Alltagswelt ständig gegenwärtig ist.

Anfangs könnten wir uns die elementaren Emotionen wie einen Kreis aus alten Steinen vorstellen, und um die Weisheit zu erlangen, die wir brauchen, um voll und ganz in das Sehvermögen für das Heilige eingewiesen zu werden, müssen wir jeden Stein einzeln berühren. Aber dieses Bild ist zu statisch;

es wird nicht dem dynamischen Wechselspiel zwischen den Emotionen gerecht. Wir neigen dazu, diese als viele verschiedene Emotionen aufzufassen, aber in Wirklichkeit hängen sie alle untrennbar miteinander zusammen. Sie fließen unablässig in- und auseinander; die eine ergibt nur zusammen mit den anderen ihren Sinn. Eine einzelne elementare Emotion können wir nicht aus unserem Bewusstsein ausschalten, ohne damit alle zu mindern. Daher besteht unsere Grundentscheidung darin, ob wir uns für das gesamte Spektrum dieser Emotionen öffnen oder ob wir uns auf ein eintöniges Leben beschränken wollen. Wenn wir zum Beispiel versuchen, Emotionen wie Angst, Abscheu oder Trauer zu vermeiden, verfallen wir in einen hohlen, gezwungenen Optimismus und mühen uns vergeblich darum, auf der Sonnenseite des Lebens zu bleiben.

Stellen Sie sich stattdessen vor, dass Sie in ein Kaleidoskop mit dem vollen Farbenspektrum blicken. Das erste Muster, das Sie sehen, ist vielleicht vorwiegend rot und von einem blauen Kranz umgeben. Wenn Sie das Kaleidoskop ein wenig drehen, sehen Sie vielleicht vorwiegend Gelb mit Untertönen von Grün und von Schwarz. Jede weitere Drehung lässt ein neues Muster entstehen, aber auch wenn Sie das Kaleidoskop noch so oft drehen, ergibt sich dennoch nie ein Muster, das nicht alle Farben enthält.

Ehrfürchtiges Staunen

> *Der Sinn für das Staunen*
> *ist der sechste Sinn.*
> *Und es ist der natürliche religiöse Sinn.*
> D. H. Lawrence

Das Staunen ist das Alpha und Omega des menschlichen Geistes. Es steht am Anfang unserer Suche nach dem Verstehen unser selbst und der Welt. Aristoteles sagte, am Anfang der Philosophie stehe das Staunen. Es ist die urtümlichste Emotion und sie ist gewöhnlich und verwirrend zugleich. Als sechster und natürlicher religiöser Sinn ist das Staunen der Königsweg, der uns die anderen elementaren Emotionen und dadurch ein neues Gespür für das Heilige erschließt.

Die Emotion des Staunens wird immer neu dadurch ausgelöst, dass man verblüfft wahrnimmt, wie es für die Welt oder irgendetwas anderes – einschließlich meiner selbst – keinen Grund gibt, zu existieren. An jedem x-beliebigen Tag kann es passieren, dass wir unsere Selbstverständlichkeit infrage stellen und stattdessen verwirrt erkennen, wie merkwürdig es doch ist, dass irgendetwas überhaupt existiert. Wenn unsere Alltagsgewissheiten vergehen, plagen uns die grundlegendsten aller nicht beantwortbaren Fragen, also die Fragen, die die Menschheit seit jeher verfolgen. Warum? Warum gibt es diese Vielzahl von Wesen: Hummeln, Fichten und Fische im Meer? Woher kommt das alles? Wann hat das angefangen? Warum?

Wenn ich mich plötzlich über alles wundere, vergeht mein gewöhnliches Selbstvertrauen, und mich erschüttert die Wahrnehmung, dass ich schon das reine Faktum meines eigenen Daseins nicht verstehen kann. Ich mag mir noch so viel Selbsterkenntnis und Weisheit erwerben – dennoch bin und bleibe ich mir selbst immer ein Geheimnis.

Die Erfahrung des Staunens zieht uns den Boden unter den Füßen weg, denn sie wischt alle Erklärungen beiseite. Dennoch versuchen sich Theologen und auch Naturwissenschaftler weiterhin mit ihren metaphysischen Hochsprüngen und beschäftigen sich eifrig damit, Antworten auf die grundlegende Frage des »Warum?« zu finden. Als Meister in sprachlichen Taschenspielertricks können sie von Zeit zu Zeit den Anschein erwecken, als hätten sie eine Erklärung gefunden.

Die Theologen bestehen darauf, dass die Welt einer Quelle außerhalb ihrer selbst bedürfe: Die Welt existiere, weil Gott Himmel und Erde erschaffen habe! (Aber wer hat dann Gott erschaffen?)

Die Naturwissenschaftler setzen keinen Gott voraus, aber nehmen an, alles lasse sich anhand der physikalischen Naturgesetze erklären, angefangen beim Urknall. (Aber was war vor dem Anfang, ehe Zeit und Raum ins Dasein traten?) Es stellt sich jedoch heraus, dass die Naturgesetze das Universum genauso wenig erklären können, wie sie ein transzendenter Gott erklären kann. Ludwig Wittgenstein hat es so gesagt: »Der ganzen modernen Weltanschauung liegt die Täuschung zugrunde, dass die sogenannten Naturgesetze die Erklärungen der Naturerscheinungen seien.

So bleiben [die Menschen] bei den Naturgesetzen als bei etwas Unantastbarem stehen, wie die älteren bei Gott und dem Schicksal.«

Keine Erklärung genügt uns langfristig. Alle metaphysischen und theologischen Erklärungen sind für kurze Zeit geistig anregend, aber schließlich machen sie alles immer nur schlimmer. Ganz gleich, wie oft wir für das auf nichts zurückzuführende Geheimnis des Seins wach sind, ist das immer ein schweres Erwachen. Wir sind erschrocken, überrascht und können nichts als schweigen. Offensichtlich sind wir nicht in diese Welt gesetzt, um sie zu verstehen. Zu staunen heißt, sich für einen kurzen Augenblick daran zu erinnern, dass wir vergessen haben, was für ein Wunder schon das reine Dasein ist.

In seinem Klassiker *Das Heilige* hat Rudolf Otto beschrieben, dass die Erfahrung der sakralen Begegnung mit der Welt immer aus drei Elementen besteht: Geheimnis, Faszination und Erschrecken. Wir nehmen das Geheimnis des Daseins so wahr, dass es ehrfurchterregend-angstmachend-majestätisch-überwältigend ist und zugleich faszinierend-wunderbar-verheißungsvoll-ersehnenswert. Im gleichen Maß, in dem wir vor der Urgewalt des Seins erschaudern und zurückschrecken, empfinden wir uns auch hingezogen zu dieser unendlichen Quelle der Schönheit, Nährkraft und Kreativität, der wir entstammen und die uns am Leben hält.

Diese beiden Erfahrungsstränge machen das Geflecht des staunenden Wahrnehmens aus. Wir müssen zwischen ihnen unterscheiden, wenn wir etwas Klarheit über das komplexe Gewebe unserer elementaren Emotionen gewinnen wollen. Aber praktisch sind beide derart ineinander verflochten, dass sie voneinander nicht zu trennen sind. Wir sind nun einmal ständig von Abschreckendem und Bezauberndem umgeben, und deshalb verleben wir unsere Tage hin- und hergerissen zwischen zwiespältigen, einander widerstreitenden Gefühlen.

Das Staunen bringt uns aus dem Konzept, ganz gleich, ob es von einer strahlenden Sonnenblume, dem friedlichen Gesicht eines schlafenden Kindes oder dem beklemmenden Geräusch der letzten Atemzüge eines Sterbenden ausgelöst wird. Die Welt, die wir als heiliges Mysterium erfahren, ist immer schrecklich und bezaubernd zugleich. Dieses ewig sich wandelnde Universum und dieses begrenzte Ich, das meinen Namen trägt, sind beide lebendig und sterblich, bestehen also aus Vitalität und Verfall, und beides ist immer ineinander verflochten.

Vor einiger Zeit schickte mir ein anonymer Absender an meine Email-Anschrift ein Video mit dem Titel »*The Powers of Ten*«, das eine Reise in die unermessliche Weite des Makrokosmos und die Winzigkeit des Mikrokosmos zeigt. Es beginnt mit der Aufnahme eines Blattes in einem Garten und erweitert dann die Einstellung jeweils um den Faktor zehn unter anderem über die Ansichten Blatt – Wald – ganze Stadt – ganz Florida – Planet Erde – Sonnensystem. Die 23. Einstellung zeigt einen Blick zwischen den Galaxien in die Finsternis des Weltraums hinaus. Sodann kehrt die Einstellung der Kamera wieder zu dem Blatt vom Anfang zurück und nimmt einen auf eine Reise in den Mikrokosmos mit, geht also jeweils um den Faktor zehn in die Tiefe über Stationen wie Blatt – Zelle – Zellkern – Chromosom – DNS-Kette – Elektronenwolke, bis die 16. Einstellung mit dem Fantasiebild von Quarks endet.

Beim Betrachten dieses Videos fiel mir spontan Pascal ein, der von seinem Eindruck angesichts der Vorstellung unendlicher Räume schrieb: »Das ewige Schweigen dieser unendlichen Räume macht mich schaudern … Die Erinnerung eines Gastes, der nur einen Tag verweilte …«

Angesichts der rohen Urgewalt eines Hurrikans oder einer zerstörerischen Flutwelle fühlen wir uns eher bedroht als ergriffen, eher ohnmächtig als gesegnet – wie winzige Boote auf einem tosenden Meer. Wir sind wie flüchtiges Gras auf dem Feld: Der Wind weht über uns hin und es gibt uns nicht mehr. In der unendlichen Weite von Raum und Zeit sind unsere Einzelleben nur flüchtige Wolken. Mensch sein heißt überwältigt sein – und vor Schauder und Ehrfurcht beben.

Der Umstand, dass wir auf diesem am drittweitesten von der Sonne entfernten Planeten angesiedelt sind, gibt uns Grund sowohl zur Dankbarkeit als auch zum Erschrecken: Wir sind mit unserer großartigen Ökosphäre beschenkt, die unsere Heimat ist, aber von den launischen Mächten verlassen, die uns geschaffen haben. Bertrand Russell gab der schrecklichen Einsamkeit, in die der Mensch gesetzt ist, beredten Ausdruck: »Kurz und machtlos ist das Leben des Menschen. Ihm und seinem ganzen Geschlecht droht gnadenlos und finster der sichere Untergang. Die allmächtige Materie rollt, blind für Gut und Böse und gnadenlos zerstörend, unablässig auf ihrem Weg voran … Das lässt dem Menschen einzig die Option, in stolzem Trotz ganz allein als erschöpfter, aber unnachgiebiger Atlas die Welt zu tragen, in die er trotz des Stampfschritts der unbewussten Macht seine eigenen Ideale hineingelegt hat.«

Aber dennoch: Wie könnten wir anders, als uns damit begnadet fühlen, den einzigen Ort im Kosmos bewohnen zu dürfen, an dem komplexes Leben – von Prachtfinken bis zu Delfinen – ins Dasein getreten ist? In der unermesslichen Weite des Weltalls hat sich einzig hier in Flora, Fischen, Vögeln, Reptilien und Säugetieren Geist inkarniert. Bislang haben selbst unsere fortgeschrittensten astronomischen Erkundungen im All kein Gelände gefunden, das nur annähernd auch so lebensfreundlich wie die Wüste von Nevada wäre. Wir sind privilegiert, einen Planeten bewohnen zu dürfen, auf dem irgendeine unbegreifliche Intelligenz die dafür notwendigen Voraussetzungen geschaffen hat, dass wir entstehen und aufblühen konnten. Völlig ohne irgendein Verdienst unsererseits sind wir zu Königen und Königinnen des einzigen Königreichs Erde ernannt worden.

An einem Nachmittag Ende Oktober wandere ich den alten *Hermit Trail* in den Grand Canyon hinunter. Ich beobachte, wie die Sonne meinen winzigen Schatten auf eine dreihundert Meter hohe Felsklippe wirft, die unzählige Millionen von Jahren alt ist. Als ich aus dem direkten Sonnenschein trete, löst sich mein Schatten in der stärker werdenden Abenddämmerung auf. Mich überkommt die atemberaubende Majestät des ewigen roten Felsens und zugleich das Gefühl meiner eigenen Bedeutungslosigkeit im Ablauf der Zeiten. Wie rasch verliere ich meinen Platz in der Sonne!

> *Je größer die Insel des Wissens,*
> *desto länger die Küstenlinie des Staunens.*
>
> Ralph Sockman

Dankbarkeit

> *Man kann entweder Dankbarkeit oder Entfremdung empfinden, aber nie beides gleichzeitig. Die Dankbarkeit vertreibt die Entfremdung; für beides ist im selben Herzen kein Platz. Wenn man dankbar ist, weiß man, dass man in ein Netzwerk von Geben und Nehmen einbezogen ist, und sagt zu dieser Zugehörigkeit »Ja«. Dieses »Ja« ist das Wesen der Liebe.*
>
> Bruder David Steindl-Rast

Durch die Dankbarkeit nehmen wir unser Dasein als bedingungsloses Geschenk wahr, als Segen und als ein Glück, das wir uns nicht verdient und auf das wir keinen Anspruch haben. Da macht es gar nichts aus, dass wir zuweilen leiden, uns abkämpfen müssen und schließlich zu existieren aufhören werden. Nichts kann die Dankbarkeit zerstören, die wir in diesem zeitlosen Augenblick dafür empfinden, dass wir das Privileg haben, ins ewige Geheimnis des Seins einbezogen zu sein.

Die Dankbarkeit, die Zwillingsschwester der Freude, ist das Gegengift gegen den vergiftenden Groll, der dem bloßen

Anspruchsdenken entstammt. Sie kann die Bitterkeit heilen, die sich in innige Beziehungen einschleicht, wenn der eine Partner oder beide das Gefühl haben, sie bekämen nicht die bedingungslose Liebe, auf die sie ein Recht hätten. Genauso heilsam ist die Dankbarkeit für Konsumenten, die »alles wollten, und zwar alles auf der Stelle«, aber mit Enttäuschung feststellen mussten, dass sie nie genug bekommen, um alle ihre Wünsche damit stillen zu können. Der einfache alchemistische Prozess, hier aus Bitterem Süßes zu machen, besteht darin, statt der Haltung »Ich will« diejenige des »Ich bin dankbar« einzunehmen.

Vladimir Nabokov beschreibt in seiner Autobiografie die Dankbarkeit, die er angesichts eines seltenen Schmetterlings empfand: »Das ist Ekstase, und hinter der Ekstase ist etwas anderes, schwer zu Beschreibendes. Das ist wie ein momentanes Vakuum, in das alles schlüpft, was ich liebe. Ein Empfinden des Einsseins mit Sonne und Stein. Ein Schauder der Dankbarkeit gegenüber wem auch immer: dem kontrapunktischen Genius des menschlichen Schicksals oder den zarten Geistern, die einen glücklichen Sterblichen gütig bedenken …«

Wer zur Religion neigt, wird seine Dankbarkeit in Form des Lobpreises gegenüber »G.« zum Ausdruck bringen, von dem aller Segen ausfließt. Aber es bedarf keines Glaubenssprungs zu einem transzendenten Schöpfer, der für unser Dasein verantwortlich wäre. Die Dankbarkeit mag zur Anbetung Gottes führen oder auch einfach die schlichte Anerkenntnis bleiben, dass unser Dasein ein unerklärliches Geschenk ist.

Ich mache unterwegs Halt, um meinen alten Freund Huston Smith im Altersheim zu besuchen. Bei meiner Ankunft sitzt er am Computer und hat sein Hörgerät abgelegt. Als er mich sieht, strahlt er freudig auf und heißt mich mit einer herzlichen Umarmung willkommen. Auf die Frage nach seinem Gesundheitszustand gibt er mir die Antwort: »Einer meiner Freunde sagt, das Altwerden sei die reine Hölle. Ich verstehe, was er damit meint. Aber ich sehe das nicht so. Ich verfüge zum Glück über die Tugend, dankbar sein zu können.«

Wäre das einzige Gebet, das du in deinem ganzen Leben sprächest, »Ich danke dir«, so wäre dies genug.

Meister Eckhart

Angst/Furcht

Vor einem Jahr stürzte ich bei einer Reise im Iran und schlug mit dem Kopf auf eine Steinkante. Blutüberströmt und benommen wurde ich von einem Krankenhaus zum andern gebracht, bis wir eines mit einem Computertomographen fanden. Meine Kopfwunde wurde vernäht und man erklärte, ich sei zur Rückreise in die USA fähig. Drei Wochen danach bekam ich im Kopf einen Bluterguss und musste drei Gehirnoperationen über mich ergehen lassen. In den anschließenden Monaten meiner langsamen Genesung fand ich reichlich Gelegenheit, über die Natur der existenziellen Angst zu meditieren. Das tat ich durchaus nicht immer gefassten Gemüts. Nachdem ich jetzt wieder vollständig gesund bin, weiß ich es zu schätzen, wie mir diese Erfahrung alle Illusionen nahm, ich sei unverletzlich. Sie ließ in mir ein tiefes Empfinden der Angst zurück, und zugleich bleibt mir ein starkes Gefühl der Dankbarkeit für all die Sorge und Liebe, die ich empfing, sowie für die lebhafte Wertschätzung, die ich gegenüber den Geheimnissen und vergänglichen Schönheiten des Alltäglichen empfinde.

Ich bin, daher habe ich Angst. Unermessliche Weite zerstört mir meine bequeme Illusion, die Welt könne mir eine sichere Heimstatt bieten. Von dieser Wahrnehmung aufgeschreckt, bin ich vom Wissen darum infiziert, dass mein Dasein ständig gefährdet ist.

Die Existenzialisten, angefangen mit Pascal und Kierkegaard, halten uns die mit der bedrohlichen Natur unserer Existenz verbundenen elementaren Emotionen vor Augen. Sie erklärten gegen alle Behauptungen blauäugiger Optimisten von Hegel bis zu den modernen Propheten des technischen Fortschritts, es sei die Grundbefindlichkeit des Menschen, voller Angst auf einer schmalen Klippe inmitten des Nichts zu stehen.

Wir seien in eine Welt geworfen, die wir nie begreifen könnten, und hätten die einzige Gewissheit, dass uns zu einem ungewissen Zeitpunkt der Tod bevorstehe, und auf uns laste die Notwendigkeit, uns einen Grund für unser Dasein zurechtzulegen.

Der Schock der Endlichkeit macht uns für die Verzweiflung anfällig.

Existenzielle Angst und Furcht sind durchaus keine neurotischen Emotionen, die man mit Beruhigungsmitteln behandeln müsste, sondern sie offenbaren uns unseren wahren metaphysischen Zustand. Die Last, die sie uns auferlegen, ist untrennbar davon, dass wir uns unserer Verantwortung für unsere eigenen Handlungen, Entschlüsse und Entscheidungen bewusst werden. Walt Whitman behauptete, er wolle am liebsten »umkehren und mit den Tieren leben. Sie sind so friedlich und ruhen in sich selbst … Sie klagen und jammern nicht angesichts ihrer Verfassung.« Aber ich bezweifle, ob er wirklich dafür die Selbstwahrnehmung, Angst und Kreativität geopfert hätte, ohne die er nicht Walt Whitman gewesen wäre. Angst im Verbund mit Mut macht die Würde des Menschen aus. Ich glaube, die Eichhörnchen sind da anders: Sie verbringen ihre Tage ganz mit der glückseligen Besessenheit, mein Vogelhäuschen zu plündern.

Gib dem Kaleidoskop eine Vierteldrehung – die Farben ändern sich und mit ihnen auch das Motiv und der Hintergrund. Aus dem bedrohten Ego wird das wahre Selbst, das voller Mut und Freude ist.

Freude

Aus demselben Grund, aus dem uns die Angst anfällt, überkommt uns auch die Freude. Unerklärlicher- und unglaublicherweise ist die Welt, in die wir geraten sind, endlos faszinierend. Es gibt keinen Grund dafür, dass uns diese Fülle von staunenswerten Dingen beschert sein muss: eine Orchidee, ein reifer Pfirsich, ein Kind, das meine Gene in eine unbekannte Zukunft trägt. Freudenanfälle erinnern uns immer wieder daran, dass wir in einem überwältigenden Universum wohnen, das uns zuweilen das Herz brechen und zuweilen entzücken kann.

Ich fuhr die »Route One« hinab, die Küstenstraße längs des Pazifiks nach Big Sur, und kam an ein Warnschild »Straßenarbeiten«. Ein Mann mit einer Signalfahne – er steckte in einem verschmutzten Blaumann, trug einen Schutzhelm und hatte einen ungepflegten Drei-Tage-Bart – deutete mir, ich solle anhalten, und schlenderte zu meinem Auto. Ich ließ das Fenster herunter, er beugte sich zu mir her und platzte heraus: »Wissen Sie, was das heißt? Was das heißt?« Ich fragte ihn: »Was *was* heißt?« Er hielt mir sein Mobiltelefon hin und erwiderte: »Gerade hat mich meine Tochter angerufen. Sie ist schwanger! Was heißt das?« Und als käme er auf etwas ganz Wunderbares, rief er aus: »Das heißt, ich werde Großvater! Ich werde Enkel bekommen!«

Freude passiert einfach, ohne erkennbaren Grund. Die uns umgebende Welt kann jeden Augenblick aus einem Schwarzweiß- in einen Farbfilm umkippen. Jäh kann uns ein unerklärliches Glücksgefühl überkommen, das gar nicht unbedingt mit etwas Wichtigem zusammenhängen muss. Es kann von etwas so Einfachem ausgelöst werden wie dem Lächeln eines Fremden oder dem momentanen Empfinden, dass an einem kalten Nachmittag ein Vollkornkeks und eine Tasse Tee genau das Richtige sind; oder es kann auch die Überraschung sein, dass man Großvater wird.

Oder es kann daher rühren, wie mir der Philosoph Ernest Becker auf seinem Sterbebett sagte, dass nach einer langen, dunklen Nacht der Seele Freude aufbricht, wenn man das Leiden am Leben zwar nicht überstanden, aber akzeptiert hat. »Dieses Glücksempfinden stellt sich nach viel Anfechtung ein, und dann … hört alles Tätigsein auf und man hört einem Vogel zu … Am Gipfelpunkt des Glaubens ist Freude, weil man begreift, dass das Gottes Welt ist. Und wenn alles in seinen Händen liegt – welches Recht haben wir da, traurig zu sein? Das wäre die Sünde der Traurigkeit. Aber es ist sehr schwer, das zu leben.«

Leid/Trauer

Selig die Trauernden; denn sie werden getröstet werden.
Matthäus 5,4

Das Trauern ist eine elementare Emotion, die sich aus der Konfrontation mit dem ergibt, was C. G. Jung »die schreckliche Zwiespältigkeit der unmittelbaren Erfahrung« nennt. Wie sollten wir denn ruhigen Auges das Schreckliche mit ansehen, dass Chronos seine Kinder frisst, Kali ihre Schöpfung zerstört, der Schöpfergott mit der einen Hand das Leben und mit der anderen unbedenklich den Tod gibt? Vom Olymp aus gesehen ist das gewiss so, wie es sein sollte. Aber sobald es mich selbst und die Meinen betrifft, kann ich nicht so leicht einsehen, dass das Geborenwerden und Sterben etwas Gütiges an sich haben soll. Die Bühne, auf der sich mein Leben abspielt, war dereinst von der lebendigen Gegenwart wunderbarer Mitspieler erfüllt, die ich liebte. Jetzt bevölkert sie sich zunehmend mit Gespenstern. Es gibt keinen Regenbogen ohne schlechtes Wetter[1].

Ehrfurcht

Die Dankbarkeit schenkt Ehrfurcht und befähigt uns, den alltäglichen Epiphanien zu begegnen, diesen transzendenten Momenten des Erschauerns, die für immer die Art verändern, wie wir das Leben und die Welt erfahren.
John Milton

Ehrfurcht – das Gefühl, in der Gegenwart von jemandem oder etwas Heiligem beziehungsweise an einem heiligen Ort zu sein –, kann von einer von Blumen übersäten Wiese ausgelöst werden oder von einer Herde Tausender von Wildtieren in der

1 Wortspiel im amerikanischen Original: *»There are now rainbows without blues.«*

Serengeti, von einem alten Bild des Avolokiteshvara, des Bodhisattva des universellen Mitgefühls, von einer Christusikone in einer Kathedrale oder von einem zweijährigen Kind an einem Klettergerüst. Die Ehrfurcht lässt einen leiser sprechen, behutsamer über die Erde gehen, hinknien und Dank sagen für das Privileg, sein zu dürfen. Es hat etwas Heiliges an sich, durch einen Hain uralter Bäume zu gehen; man wird dabei unwillkürlich schweigsam.

Das Gefühl der Ehrfurcht muss nicht unbedingt mit einem Glauben an Gott verbunden sein. Aber die institutionelle Religion schafft idealerweise Rituale, Heiligengeschichten, Gottesdiensträume und Schriften, die die Gläubigen zur Ehrfurcht und Dankbarkeit und zum Mitgefühl anhalten. Prophetische Religion beugt der Tendenz von Kirche und Staat vor, keine Ehrfurcht mehr zu haben. Wenn wir immer wieder unser Gespür für das Staunen und die Ehrfurcht schärfen, treiben wir das Bedürfnis aus, sich an die Idole falscher Frömmigkeit, bloßer Stammesinteressen und starrer Glaubensvorstellungen zu klammern.

Es ist vorstellbar, dass in irgendeiner fernen Zukunft die großen Weltreligionen verschwinden könnten. Und es ist schwer vorauszusagen, ob dies verhängnisvoll oder eine Wohltat wäre. Sicher aber ist: Sollte unser elementarer Instinkt der Ehrfurcht verloren gehen, so hätten wir keinen Abwehrmechanismus mehr gegen Narzissmus, Nihilismus und Anarchie. Die Ehrfurcht bringt in die Zivilisation das Zivile. Sie macht den Kern jeder Ethik aus.

Der Arzt und Missionar Albert Schweitzer war erst in Afrika in der Lage, seine Lebensphilosophie zu formulieren, obwohl er zuvor viele Jahre lang an den besten Universitäten studiert hatte. Als er eines Tages bei Sonnenuntergang im Boot einen Fluss voller Nilpferde überquerte, wurde ihm eine Epiphanie zuteil und er prägte den Begriff »Ehrfurcht vor dem Leben«. Das wurde zur Grundregel seiner Lebensführung. »Wenn wir Ehrfurcht vor dem Leben haben, treten wir in eine spirituelle Beziehung zur Welt ein … Wir werden gut, tief und lebendig.«

Befähigung

Einer der Vorwürfe, den Denker wie Nietzsche und Bertrand Russell gegen die Religion erhoben, lautete, dass diese eine Krücke für all diejenigen bilde, die zu schwach seien, sich der Gleichgültigkeit des Kosmos und dem eiskalten Lächeln der Wahrheit zu stellen. Sie sei Opium für das Volk, etwas für alte Frauen und schüchterne Seelen, aber nichts für die Starken.

Als vor Jahren mein Vater starb, fühlte ich mich kraftlos und leer. Eines Tages saß ich in einer Kirche und blätterte beiläufig in einem Gesangbuch. Da fielen meine Augen auf die Worte: »Wenn wir stark sind, Herr, lass uns nicht allein, bleib unsre Zuflucht allezeit …« Weil ich damals schwach war, empfand ich zwar recht stark das Bedürfnis nach einer Kraftquelle außerhalb meiner selbst – von Gott, dem Vater her –; aber dass man auch dann Gott brauchen sollte, wenn man stark ist – das konnte ich mir überhaupt nicht vorstellen.

Seither hat sich im Lauf der Jahre mein Verständnis von Stärke und Kraftlosigkeit gewandelt. Jetzt glaube ich, dass ganz im Gegensatz zur landläufigen Vorstellung die Religion in ihrem Rohzustand eher davon genährt wird, dass man etwas Starkes als dass man etwas Schwaches erfährt. Wenn in uns erstmals der Sinn für die Heiligkeit unseres Daseins erwacht, werden wir sicher zunächst einmal vom Gefühl übermannt, völlig bedeutungslos zu sein. Wir sind nur Staub und Asche. Wir sind nicht von bleibender Dauer und können nicht aus eigener Kraft unser Dasein erzwingen. Grundsätzlich finden wir Menschen uns in der Lage vor, dass wir kraft eines einseitigen Vertrags leben, der uns von irgendeiner unbekannten Macht, die uns ins Dasein gebracht hat, aufgezwungen wurde.

Aber paradoxerweise führt gerade die Erfahrung, vergänglich und absolut abhängig zu sein, zu einem einzigartigen Gefühl der eigenen persönlichen Stärke. Der bekannte Psychoanalytiker und Anthropologe Ernest Becker hat das so formuliert: »Das Lebewesen Mensch verfügt über keine eigene Kraft. Diese Unfähigkeit, fest auf den eigenen Füßen zu stehen, ist einer der tragischsten Aspekte des Lebens. Wenn man schließlich den Panzer seiner Rolle durchbricht und seine eigene Verletzlichkeit entdeckt, wird es unmöglich, ohne massive Angst zu leben, es sei denn, man findet eine neue Kraftquelle. An dieser Stelle kommt die Gottesvorstellung ins Spiel. Idealerweise offenbart Religion beide Wahrheiten über den Menschen: dass er sowohl ein armer Wurm ist als auch Gott ähnlich. Zum intensiven religiösen Leben gehört, dass man mit einem elementaren Staunen über alles Geschaffene lebt, darunter auch über sich selbst als Gott ähnliches Wesen.«

Ich bin nichts und alles, ein ohnmächtiger Teil eines allmächtigen Ganzen, ein Sünder (»Abge-sonderter«) und ein Heiliger (»Ganzer«).

Wie wird der Sinn für das Heilige im Leben des Gläubigen zu seiner tiefsten Kraftquelle?

Aus profaner Sicht ist Stärke etwas, das einem zufällt – gesichtslos, unpersönlich und blind. Hier ist das Wesen der Stärke die Fähigkeit einer geistlosen Instanz, auf eine andere einwirken und von ihr etwas erzwingen oder auf sie entscheidend einwirken zu können. Die Natur bietet das Schauspiel roher Gewalt, »rot an Zähnen und Klauen« (Tennyson-Darwin), in dem nur die Besten überleben. Die Gesellschaft ist im »Zustand des Kriegs aller gegen alle« (Hobbes). Politik ist nichts als das Spiel unmoralischer Machtinstanzen (Machiavelli und auch Henry Kissinger).

Im Licht der Vision des Heiligen dagegen ergibt der profane Machtbegriff keinen Sinn, denn hier gibt es keine voneinander getrennten Wesenheiten und keine völlig voneinander unabhängigen Fakten. Wenn man von »G.« spricht – also das Codewort für die grundlegende Systemtheorie verwendet –, geht man davon aus, dass die gesamte Wirklichkeit ein ständiger Verkehr miteinander, ein gegenseitiges Verbundensein miteinander und eine unablässige Interaktion ist. Der Ausgangspunkt jeder Religionsphilosophie ist die metaphysische Vision der innigen Kommunion von allem mit allem. Das Viele ist Bestandteil eines einzigen Universums. Ohne Interaktion gäbe es weder »G.« noch den Kosmos oder menschliche Wesen.

In ihrem ursprünglichen Sinn ist Religion das Joch, das uns zur Feier unseres Zusammengehörens zusammenschließt. Die Kommunion – der intensive Austausch und die Gemeinsamkeit der Gläubigen miteinander – wurzelt in der Wahrnehmung, dass Lebendigsein heißt, an der göttlichen Kraft teilzuhaben. Der Leib »G.«s ist unser tagtägliches Brot. Sakrale Vollmacht wurzelt in einer Erfahrung des wesentlichen Selbst und der Welt als Manifestationen der Macht des Seins. Joseph Campbell sagte es so: »Alle Dinge und Wesen sind die Auswirkungen einer allgegenwärtigen Macht … Die Naturwissenschaft bezeichnet diese als Energie, die Melanesier nennen sie *manna*, die Sioux-Indianer *wakonda*, die Hindus *shakti* und die Christen die Macht Gottes.«

Diese Erfahrung, dass wir in die Kraft spendende Kreativität eines heiligen Kosmos eingebunden sind, bringt das Beste der Religion in Einklang mit der modernen Naturwissenschaft, die die Vorstellung einer rein mechanistischen Kraft als überholt erwiesen hat. Naturwissenschaft, Kybernetik, Ökologie und Religion bewegen sich gemeinsam über die Sicht eines Universums hinaus, das aus getrennten Einzelinstanzen zusammengesetzt wäre, deren Zusammenspiel rein zufällig und von bloß mechanischer Kausalität verlaufen würde.

Das Newtonsche Kraftmodell funktioniert recht gut, wo klar zwischen hier und dort, jetzt und dann, dem Selbst und dem Anderen unterschieden wird. Aber es versagt, wenn wir in ein Quanten-Universum eintreten, in dem die Wesenheiten Partikel sind, die in einem lokalen, temporären Bereich des Multiversums existieren und zugleich zeitlose Wellen einer sich regenden Energie sind, die das Viele zu einem einzigen Universum verknüpfen. Der Quantenphysik entliehene Metaphern helfen uns, den Sinn der mystischen Erfahrung der Ermächtigung und der Identität von Selbst und Anderem besser zu verstehen.

»Grundsätzlich sind alle Metaphern, die man aus einer physikalischen Welt der Einwirkungen, Kräfte, Energie usw. bezieht, für die Erklärung von Ereignissen und Prozessen in der biologischen Welt von Information, Zweck, Kontext, Organisation und Sinn untauglich. Man muss die Metapher ›Kraft‹ kritisch überprüfen. Sie führt zu falschen Vorstellungen oder Irrtümern und verursacht Pathologien« (Gregory Bateson).

In groben Zügen sehen die Unterschiede zwischen den im menschlichen Bewusstsein konkurrierenden Begriffen der Kraft und der Energie folgendermaßen aus:

Profane Kraft ist:	*Heilige Energie ist:*
mechanistisch	zielgerichtet
zwingend	betörend
stark	erotisch
rasch (chronologisch)	geduldig (kairos-bezogen)
beim sich Hergeben sich verringernd	beim sich Hergeben sich steigernd
trennend	vereinigend
konkurrierend	kooperierend

Die Mystiker und radikalen Erforscher jeder religiösen Tradition beschreiben, wie es zu einer Epiphanie kam, als sie über die bloße Anschauung hinausgelangten und zur Wahrnehmung vorstießen, dass das Selbst von der gleichen Energie belebt ist, die den Kosmos beseelt. Dabei konzentriert sich der Lichtkegel des Bewusstseins auf das Selbst, das immer begierig nach Gott gesucht hatte; ihm geht auf, wie der heilige Augustinus sagte, dass »das, wonach wir suchen, das ist, womit wir suchen«. Oder um eine Metapher aus der Quantenphysik zu gebrauchen: Mein Geist verhält sich zum allumfassenden Geist wie ein Partikel zur Welle.

Da wir innerhalb der Realität existieren, nach der wir gesucht hatten, führt uns der spirituelle Weg unvermeidlich ins Ur-Unbewusste hinab, in den Grund unserer Wahrnehmung. Er fordert uns auf, uns daran zu erinnern, wer wir sind. Im Westen wurde die Fantasie immer von den Metaphern der Reise, des Pilgerns und des Weges beherrscht. Wir waren immer Menschen, die sich bewegten und den Horizont in Richtung einer besseren Zukunft überschritten. Was wäre, wenn es gar keinen Ort gäbe, an den man gehen könnte? Und keinen verborgenen »G.«, den man am Ende der Suche finden könnte?

Sei still.
Halt an, sieh hin, horche.
Steig ab.
Schau auf deine Wurzeln.
Bleib radikal.
Rühre ans Innerste.

Es wird nicht kommen, indem man auf es wartet. Man wird nicht sagen: »Sieh, da ist es!« oder: »Sieh, dort ist es!« Es ist vielmehr so, dass das Reich des Vaters auf der Erde ausgebreitet ist – und die Menschen sehen es nicht.
Aus dem Thomasevangelium

Möglichkeiten/Zweck/Berufung

Das Bewusstsein, eine Berufung zu haben, also zur Erfüllung eines Zwecks bestimmt zu sein, hängt mit der Erfahrung zusammen, vom Heiligen bestimmte Fähigkeiten geschenkt bekommen zu haben und neben vielem anderen auch dafür dankbar sein zu können.

Im Kern der Selbsterfahrung steckt die Wahrnehmung: Ich bin kein standardisiertes Einzelstück und kann folglich nicht beliebig durch ein anderes Stück derselben Art ersetzt werden. Ich bin kein Massenartikel oder nur Mitglied einer Spezies, die sich zufällig auf dem Weg der Evolution durch das Zusammentreffen bestimmter Einzelelemente der kosmischen Suppe ergeben hätte. Der Staat mag mich als Bürger erfassen, den er mit einer Nummer versehen und besteuern, registrieren und in einen Fünfjahresplan einkalkulieren kann. Mein Arbeitgeber mag mich als Ressource betrachten, die er verwenden oder ausmustern kann. Aber ich passe in kein Schema. Ich bin eine Knospe, die anfängt, sich zu einem kosmischen Baum zu entfalten.

Das mir geschenkte Leben ist ein reichhaltiges Bündel aus Talenten und Möglichkeiten, unter denen ich auswählen kann, was ich aktivieren möchte und was nicht. Mein einziges und unwiederholbares Leben ist ein ständig im Werden begriffenes Werk, und es hängt von meinem Willen, meiner Fantasie und meiner Energie ab, wie es fruchtbar wird. Indem ich mich bemühe, meine Gaben zu entfalten und damit meiner Berufung zu entsprechen, werde ich in die Lage versetzt, die Fülle des Seins zu erfahren. Im *Thomasevangelium* sagt Jesus: »Wenn du das hervorbringst, was in dir steckt, ist das, was du hast, deine Rettung.«

Zum Gefühl, einen Sinn und Zweck zu haben, gehört die Überzeugung, dass meine originellsten Gaben ein fester Bestandteil des göttlich schöpferischen Prozesses sind – des achten Schöpfungstages. Ernest Becker äußerte diesen Gedanken auf seinem Sterbebett ganz eindrucksvoll mit den Worten: »Was das Sterben leichter macht, ist der Umstand, … dass es jenseits der Absurdität des eigenen Lebens, jenseits dessen, was wir Menschen sehen, jenseits dessen, was mit uns geschieht, tatsächlich ungeheure kosmische Energien gibt, die uns zu einem Zweck gebrauchen, den wir nicht kennen. Für göttliche Zwecke verwendet zu werden, selbst wenn wir womöglich noch so missbraucht werden, ist das, was einen tröstet.«

Von der Erfahrung des Heiligen her ist mir einsichtig, dass die Begriffe Kraft, Potenzial, Verheißung, Zweck und Berufung identisch sind.

Das englische Wort *power* für Kraft kommt vom lateinischen *potentia*; auch das deutsche Wort *Potenzial* ist davon abgeleitet.

Mein Potenzial kommt ans Licht, wenn sich meine Talente und Gaben entfalten.

Meine Kraft nimmt in dem Maß zu, in dem ich die Verheißung meines Seins erfülle.

Meine Berufung ist die Stimme meiner mir winkenden Zukunft.

Meine Gaben, meine Berufung sind in meine DNS eingewoben.

Mein Endziel *(telos)* ist in meinem Anfang grundgelegt.

Meine DNS ist ein Strang im fortlaufenden Schöpfungsprozess.

Kraft, Potenzial und Verheißung meines Seins sind Bestandteil des Seins, Werdens und Ansichseins.

Wir platzen ins Dasein, ohne mit einer Gebrauchsanleitung ausgestattet zu sein, und müssen uns selbst das Gespür für einen Sinn unseres individuellen Lebens erschaffen. Bei manchen weckt dieses Fehlen eines angeborenen Zwecks massive Ängste. Der Existenzialist Jean Paul Sartre äußerte, das Faktum des Existierens wecke ein Gefühl des Ekels; es sei mehr Last als Gabe und wir seien »zur Freiheit verdammt«.

Meine Dankbarkeit für meine Existenz geht mit einem vagen Pflichtgefühl und etlichen verwirrenden Fragen einher. Wie, gegenüber wem oder womit bringe ich meine Dankbarkeit für das Privileg, existieren zu dürfen, zum Ausdruck? An welche Adresse schicke ich meine Dankeskarte? Was genau soll ich mit meinen mir zugeteilten Jahren und meiner rastlosen Energie anfangen? Was ist der Sinn und Zweck meines Lebens?

Aber es gibt das besondere Phänomen, dass einige Individuen für einen ganz bestimmten Weg vorgesehen zu sein scheinen. Von außergewöhnlichen Menschen sagen wir oft, sie seien »besonders begabt«. Es war offensichtlich, dass Johann Sebastian Bach von frühester Kindheit an besonders musikalisch begabt war, Georgia O'Keefe ein Talent als Malerin hatte und Albert Einstein eine geniale Befähigung zum Theoretiker. Weniger außerordentlich begabte Sterbliche durchlaufen gewöhnlich einen längeren Prozess von Versuchen und Scheitern, ehe sie ihre Gabe entdecken, sei es fürs Kochen, Lehren, Elternsein oder Führen anderer. Unabhängig davon, ob man eine außergewöhnliche Gabe hat oder über bescheidenere Gaben und Talente verfügt, empfindet man die Verpflichtung, das in einen gelegte Potenzial zu verwirklichen. (Das englische Wort für Verpflichtung, *obligation*, ist vom lateinischen *obligare* abgeleitet, einer Zusammensetzung aus *ob* (»in Richtung auf … hin«) und *ligare* (»binden«, was übrigens auch im Begriff *Religion* steckt).

Etwas ruft mich, winkt mir. Seine Stimme ist hartnäckig und unverkennbar. Ich kann nicht genau seine Worte oder spezifischen Aufträge ausmachen, aber ich habe das starke Empfinden, dass ich zu etwas aufgefordert werde. Von wem oder wovon? Diese Stimme kommt zu mir wie ein Echo, das von den Wänden einer fernen Schlucht widerhallt. Der Ruf dieser Berufung scheint eher von der Zukunft als von der Vergangenheit herzukommen. Er ermutigt mich, der zu sein und zu werden, als der ich gemeint bin: also gemäß der Verheißung zu leben, die mich von allem Anfang an beseelt hat.

Das wird deutlicher, wenn wir die Vorstellungen von Bewusstheit, Berufung und Aktivwerden miteinander verknüpfen. Meine Berufung ist es, alles, was an Talenten, Kräften, Einsichten, Schönheit und Kraft in mir steckt, zu erkunden und zu entfalten und diese Gaben mit den anderen zu teilen. Der Impuls, meine Gaben in Handlungen umzusetzen, die zum Wohlbefinden der Gemeinschaft beitragen, entspringt der Dankbarkeit und dem Mitgefühl.

Verständlicherweise haben wir einander widersprechende Wünsche: Wir möchten der Stimme, die uns aufruft, unsere Gaben in aller Fülle zu entfalten, entsprechen und uns zugleich vor ihr drücken. Das Gefühl, eine Berufung zu haben, geht mit dem Gefühl einer Belastung einher. Räumt man ein, dass man die Pflicht hat, seine Gaben zu entfalten, so heißt das auch, dass man sich an ein Schicksal gebunden fühlt, das nicht ganz das Geschöpf des eigenen Wollens ist, und damit verzichtet man auf die Vorstellung, absolut frei zu sein. In einer Wohlstandsgesellschaft ist es für viele eine Versuchung, sich auf einen Beruf einzulassen, der die normalen Befriedigungen von Status, Macht, Reichtum, Unterhaltung und Komfort bietet. Mit einem Leben ohne Verpflichtung entzieht man sich der Mühe, die Gaben zu entdecken und zu entfalten, die unser individuelles Schicksal gestalten, opfert dafür aber auch die Freude. Bei noch mehr Menschen, nämlich der Mehrheit derjenigen, die unter ständigem Mangel, Hunger und Krieg leben, lässt der unablässige Kampf ums nackte Überleben wenig Energie dafür übrig, bei sich eine kreative Berufung zu entdecken.

Berufung: Das ist eine Stimme aus meiner Zukunft, ein in mir wohnender Impuls, der mich vorwärtszieht, ein Liebeslied, das mich einlädt, die Verheißung meines Lebens zu erfüllen.

Empathie/Mitgefühl

> *Wenn wir schließlich wissen, dass wir sterben und alle anderen empfindenden Lebewesen genau wie wir sterben, beginnen wir ein brennendes, fast herzzerbrechendes Gefühl der Zerbrechlichkeit und Kostbarkeit jedes einzelnen Augenblicks und jedes Wesens zu haben, und daraus kann ein tiefes, klares, grenzenloses Mitgefühl für alle Wesen erwachsen.*
>
> Sogyal Rinpoche

An normalen Morgen zerstören die Tagesnachrichten meine Ruhe. Kürzlich stand in der *New York Times* die folgende Meldung: »Eine der in der letzten Woche im Mittleren Osten am häufigsten erörterten Geschichten kam aus Saudi Arabien, wo die Regierung das Urteil von 200 Peitschenhieben für ein 19-jähriges schiitisches Mädchen bestätigte. Es hatte voriges Jahr mit einem männlichen Bekannten in einem Auto gesessen und die beiden waren von sieben Männern angegriffen worden, die beide gemeinschaftlich vergewaltigt hatten. Das saudische Justizministerium erklärte. die junge Frau habe die 200 Peitschenhiebe und sechs Monate im Gefängnis verdient, auch wenn sie vergewaltigt worden sei, denn sie habe sich der ›illegalen Vermischung‹ schuldig gemacht, indem sie mit einem nicht mit ihr verwandten Mann im Auto gesessen habe.« In meinen schlaflosen Nachtstunden empfinde ich Entsetzen, stelle mir leibhaftig die Hiebe auf ihren Rücken vor – auf meinen Rücken.

Welche Brücke ist das, die das einsame Individuum und die Gemeinschaft miteinander verbindet? Wenn ich letztlich einmalig bin, was habe ich dann mit dir zu tun? Warum sollten die Peitschenhiebe auf den Rücken meines Nächsten auch meinen Rücken treffen?

Um der Einfachheit willen habe ich die üblichen, jedoch irreführenden Formulierungen gebraucht, als ich von der »Welt« und vom »Sein« sprach. In Wirklichkeit bekommen wir es nie mit einer Wesenheit namens »Welt« zu tun und wir begegnen auch nie dem reinen »Sein«. Was ich die »Welt« nenne, ist kein Schauspiel, und auch ich bin kein Zuschauer. Wenn ich aus der Trance meiner üblichen Denkgewohnheiten und regelmäßigen Aktivitäten erwache – also aus dem Aufstellen meiner Steuererklärung oder dem Zuschauen beim Football-Spiel am Montagabend –, finde ich mich von einer verwirrenden Vielfalt von Wesenheiten umgeben: dem Sternenhimmel über mir, Raubvögeln, die am Himmel kreisen, Ratten, die durch die Scheune huschen, sowie Menschen jeder Rasse, Farbe und Glaubensvorstellung. Genau diese meine Illusion, ich sei einmalig, wird von meiner Wahrnehmung zertrümmert, dass es eine unendliche Vielzahl von Wesen gibt, mit denen ich Zeit und Raum teile.

Unlängst haben Neurowissenschaftler die physiologische Basis für Empathie und Mitgefühl entdeckt: Das Gehirn des Menschen verfügt über Spiegelneuronen, die es uns ermöglichen, die Handlungen, Absichten und Emotionen anderer zu beobachten und nachzuahmen. Wenn wir sehen, wie jemand anderer tanzt oder mit einem Stock geschlagen wird, erschafft unser Gehirn automatisch eine Schablone, die es uns ermöglicht, die beobachtete Handlung zu erfahren und innerlich mitzuempfinden, also das Gefühl der Tänzerin oder des Menschen, der schlägt oder geschlagen wird. Unsere Spiegelzellen stimmen uns automatisch derart intensiv auf andere ein, dass wir ihren Schmerz und ihre Lust mitempfinden. So sind wir also anscheinend fest auf Empathie angelegt. Tiefes Einssein mit anderen ist nicht etwas unserer Individualität Hinzugefügtes, sondern es ist uns genetisch mitgegeben und gehört untrennbar zur Art des Menschen, in der Welt zu sein.

Schon eine kurze Überlegung zeigt, dass die Frage »Wer bin ich?« untrennbar mit der Frage »Wer ist mein Nächster?« zusammenhängt. Die Psychologie sollte genau wie die Philosophie nicht beim Individuum ansetzen, sondern bei der Gemeinschaft, also beim »wir sind« statt beim »ich bin«. Zu meinem Erstaunen entdecke ich, dass ich in ein Netz von Lebewesen eingewoben bin und meine eigene Existenz nur auf dem Weg über das Empfinden meines tiefen Einsseins mit ihnen allen begreifen kann. Identität und Gemeinschaft sind untrennbar miteinander verbunden.

(Auch bösartige Gruppen und kriminelle Banden, die Völkermord und andere brutale Akte begehen, werden wohl aus Individuen bestehen, die andere spiegeln, sich mit ihnen identifizieren und sie nachahmen. Aber sie halten sich an diejenigen, die diese Gewaltakte begehen, statt an deren Opfer. Individuen, die sich gewalttätigen Gruppen anschließen, scheinen von einer Art dämonischer Empathie befallen zu sein.)

Mitgefühl und Moral haben ihren Ursprung in dem Umstand, dass wir zutiefst Gemeinschaftswesen sind. Die uns Bekannten und Verwandten sind uns nie völlig Fremde. Von dem Augenblick an, in dem wir dem anderen begegnen, sogar noch bevor wir Fakten und Informationen über ihn erfahren, sind wir in direktem empathischen Kontakt mit ihm. Wir lesen wie ein guter Therapeut oder Romanschriftsteller den Körper, Geist und die Emotionen des Fremden.

Zum Mitgefühl aus vollem Herzen kommt es, wenn aus Empathie Sympathie wird, aus Vorstellen Mitfühlen. Unsere Fähigkeit zu Empathie und Mitgefühl eröffnet uns das Verständnis dafür, dass alle Lebewesen ihr Dasein genießen, sich dessen erfreuen und unter ihm leiden. Jedes Leben ist wunderbar, kostbar und vergänglich. Der Buddha sagte: »Die erste Edle Wahrheit lautet: Dasein ist Leiden.« Mitgefühl ist das Band, das ich zwischen mir und meinen Mitwesen empfinde; es ist mein Empfinden, mit ihnen verwandt zu sein. In Augenblicken, in denen mich ein starkes Mitgefühl überkommt, verstehe ich, dass das Ich das Du mit einschließt. Ich kann mich selbst nicht eng in Begriffen der Selbstwahrnehmung definieren, als eine Art von halbem Paar oder als Mitglied einer Kernfamilie oder als patriotischer Bürger, sondern ich bin Kosmopolit, Mitglied des Gemeinwesens aller empfindenden Lebewesen.

Aber wie weit reicht das Gemeinwesen, dessen Bürger ich bin? Wie weit kann ich mein Bewusstsein, mein Mitgefühl, mein Empfinden ausdehnen? Vermag meine Fähigkeit zur mitmenschlichen Liebe auch alle anderen Lebewesen zu umfassen? Wer ist mein Nächster?

Albert Einstein bemerkte, unser Egozentrismus entfremde uns von den anderen Formen des Lebens. »Der Mensch ist Teil eines Ganzen, das wir Universum nennen, ein in Zeit und Raum beschränkter Teil. Er erfährt sich selbst, sein Denken und Fühlen als etwas von allem anderen Getrenntes …, als eine Art optische Täuschung seines Bewusstseins. Diese Täuschung ist für uns so etwas wie ein Gefängnis. Es beschränkt uns auf unsere persönlichen Wünsche und auf die Zuneigung zu ein paar uns besonders nahestehenden Menschen. Unsere Aufgabe muss es sein, uns aus diesem Gefängnis zu befreien, indem wir unseren Kreis des Mitgefühls ausweiten, damit er alle Lebewesen und die gesamte Natur in all ihrer Schönheit umfasst.«

Ich genieße die flüchtige Beziehung zu den Vögeln, die an meine Futterstelle kommen (und mir sogar aus der Hand fressen, wenn ich ganz geduldig bin), und die Rotluchse, die gelegentlich drunten meine Wiese durchstreifen. Aber dennoch kann ich mir nicht vorstellen, wie es sich anfühlt, eine Blaumeise oder ein wilder Rotluchs zu sein. Ich vermute, der Luchs verfügt über etwas, das dem subjektiven Bewusstsein meiner selbst analog ist. Aber die Möglichkeit ist mir verschlossen, zu wissen, wie es sich für einen Luchs anfühlt, ein Luchs zu sein. Ludwig Wittgenstein sagte: »Wenn ein Löwe sprechen könnte, wir könnten ihn gar nicht verstehen.« Es ist uns verschlossen, gegenseitig unsere Wahrnehmungsweise zu verstehen und uns ihrer zu erfreuen. Ich esse nie mit Genuss Mäuse oder Erdhörnchen, meine Katze dagegen liest nie die *New York Times*. Unser subjektives Selbstgefühl bleibt privat und unergründlich. Ich kann mir noch so sehr Mühe geben, mir das Bewusstsein meiner Katze vorzustellen und mit ihr mitzufühlen – das geht nicht.

Hinzu kommt, dass ich mit einem atemberaubenden Gemeinwesen unsichtbarer Nächster zusammenlebe: mit Insekten, Spinnen und Kriechtieren sowie Mikroben, ohne die ich gar nicht leben könnte. In jedem Gramm Boden wohnen Milliarden von Mikroben.

Wie anomal ist der *homo sapiens*! Unser Leben baut sich auf und wird unterhalten vom ständigen Zusammenspiel von Mikrokosmen und Makrokosmen, die sich weithin unserem Begreifen entziehen. Letztlich übersteigt die Gemeinschaft, innerhalb der wir leben und uns bewegen, völlig die Grenzen unserer Wahrnehmung, Vorstellungskraft und Empathie. Wie eigenartig ist es doch, dass wir als wissende Lebewesen damit leben müssen, dass wir die Myriaden uns umgebender Nachbarn nie kennen zu lernen vermögen. Unvermeidlich setzt unser Verstand immer wieder die Segel zur Fahrt ins Unbekannte, und es gelingt ihm zwar, kurze Abschnitte des Küstenstreifens zu kartografieren, aber schon bald versinkt sein Schiff in den Untiefen der unvorstellbaren Vielfalt der Lebewesen, und wir werden von einem Meer voller wunderbarer Dinge überspült.

Heilige Entrüstung

Entrüstung ist die Kehrseite der Liebe. Sie regt sich, wenn wir bemerken, dass gegen die heilige Pflicht, andere nicht als Mittel zu etwas anderem, sondern als Ziele zu behandeln, verstoßen wird und das für das Gemeinschaftsleben unerlässliche Mitgefühl fehlt.

Vor allem unter manchen Vertretern der *New-Age*-Spiritualität gibt es die Vorstellung, das Böse sei eine Illusion, weshalb ein spirituell reifer Mensch stets ruhig alles hinnehmen und nichts richten solle. Im energischen Widerspruch dagegen liefere ich die folgende Litanei der Schändung und Ermordung unzähliger Unschuldiger: Auschwitz, Treblinka, Gulags, Todesfelder von Kambodscha, Vergewaltigungen von Nanking, Bombardierungen von Dresden und Tokyo, nuklearer Holocaust von Hiroshima und Nagasaki, Genozid in Ruanda, Bosnien, Bagdad, Darfur, Selbstmordattentäter in Israel und Manhattan, massive Luftschläge im Irak, routinemäßige Folterung von feindlichen Kombattanten, Vernichtung der Regenwälder, Umweltverschmutzung, wirtschaftliche Ausbeutung der Ohnmächtigen und die verheerende Armut von Milliarden von Menschen.

Wer diese Entsetzlichkeiten und Verbrechen gegen die Menschlichkeit ohne heiliges Entsetzen ansehen kann, verdankt das nicht einer besonderen Erleuchtung, sondern ist moralisch abgestumpft. Wer auf dem blutverschmierten Gesicht der Menschheitsgeschichte keinen Schatten des Bösen erkennen kann, wird seine Einstellung auch nicht aufgrund irgendeines Argumentes ändern. Wer dagegen über die Lebewesen staunt und sie ehrfürchtig wahrnimmt, kann nicht anders, als Leiden und Entrüstung zu empfinden, wenn sie geschändet werden. Martin Luther sagte, der Zorn Gottes sei die Kehrseite seiner Liebe. Sogar »G.« muss angesichts all dessen, was für die Liebe destruktiv ist, zornig werden.

Wenn Lebewesen auf abstrakte Zahlen reduziert werden; wenn Wälder zur bloßen Ressource werden, die es auszubeuten gilt; wenn Menschen zu nichts als Feinden werden, die man vernichten muss, sind die elementaren Emotionen der Ehrfurcht und der Entrüstung außer Kraft gesetzt. An die Stelle der Ehrfurcht tritt dann die Effizienz. Entrüstung weicht der Selbstgefälligkeit, Demut der Arroganz, Dankbarkeit der Gier, Mitgefühl der Verachtung und Kooperation der Vereinnahmung. Mit dieser Umwertung aller Werte ist der heilige Grund der Moral zerstört.

Hoffnung

> *Hoffnung ist eine Erinnerung an die Zukunft.*
> Gabriel Marcel

Die Ereignisse des 11. Septembers 2001 brachten für einen Augenblick den traditionellen amerikanischen Optimismus ins Wanken, zertrümmerten den Mythos vom *Happy-End* und stürzten uns Amerikaner in eine tief pessimistische Stimmung. Aber kaum waren die Beisetzungsfeierlichkeiten der Opfer des Terrorismus vorbei, da verkündeten unsere Politiker bereits, das neue amerikanische Jahrhundert sei angebrochen, in dem wir die Achse des Bösen besiegen würden. Im amerikanischen Charakter steckt ein Optimismus, der trotz allem immer wieder die Oberhand gewinnt.

Aber aus Optimismus wird nicht unbedingt Hoffnung. Optimismus und Pessimismus sind die beiden entgegengesetzten Pole ein und derselben fragwürdigen Vorstellung, dass wir die Zukunft voraussehen könnten. Optimisten sind sprühende Mutmacher, die immer behaupten, jede dunkle Wolke habe einen Silberstreifen. Sie denken in Klischees und vertreten eine Philosophie des positiven Denkens. Pessimisten machen sich immer auf das Schlimmste gefasst, lassen sich selten enttäuschen oder überraschen und sind Spezialisten für sich selbst erfüllende Prophezeiungen.

Ich bin, darum hoffe ich. Hoffnung und ihre enge Verwandte, die Verzweiflung, beruhen nicht auf der Behauptung, die Zukunft voraussehen zu können. Sie hängen auch nicht unbedingt von äußeren Umständen ab. Die Woge der Hoffnung kann sogar ausgerechnet in besonders mühsamen Zeiten hoch aufwallen. Das bezeugen zum Beispiel Südafrika und die Hoffnungsgestalt Nelson Mandela zu den turbulenten Zeiten der Apartheid, die amerikanische Bürgerrechtsbewegung oder die überraschende Wahl von Barack Obama zum Präsidenten der USA. Die Hoffnung ist als elementare Emotion nicht in erster Linie etwas, was wir fühlen, sondern was wir *sind*; sie ist untrennbar mit der Lebenskraft verbunden, die uns in Richtung unserer unbekannten Zukunft treibt.

Wie soll ich die Hoffnung verstehen, die tiefer als mein Bewusstsein ist, ursprünglicher als mein freier Wille? In gewisser Hinsicht scheint die Hoffnung mit dem Kreislauf der Jahreszeiten zusammenzuhängen. Die Natur draußen vor meinem Fenster ist unablässig am Geborenwerden, Reifen, Sterben und Wiedergeborenwerden. Im Spätsommer fangen die Orangenbäume an, herbstlich gelb zu werden; sie werden schließlich kahl unter dem Herbsthimmel stehen, bis das Frühjahr wieder neue Lebenskraft in sie treiben wird. Jedes neue Jahr vergrößert das Möbiusband von Zeit und Ewigkeit, Geburt, Tod und Auferstehung: ein Echo aus der Vergangenheit, eine Erinnerung an die Zukunft. Endlos. Immer die gleiche alte Hoffnungsgeschichte.

Während der gesamten Menschheitsgeschichte haben alle Völker die Welt so erlebt, dass sie mit jedem Winter aufhörte und mit jedem Frühjahr wiedergeboren wurde und das Blut wieder kreisen und die Säfte neu fließen ließ. Das war keine gedankliche Vorstellung, sondern eine Gewissheit aus dem Bauch heraus, ein natürliches Sakrament: ein äußeres und sichtbares Zeichen der unsichtbaren Gnade, die sich um die DNS aller Lebewesen schlingt.

Wenn wir zu immer rascher dahinrasenden Stadtbewohnern werden, süchtig nach dem Leben mit den von unserer Technologie geschaffenen virtuellen Realitäten, dann geht dieses sakramentale Wissen um die grundlegenden regenerativen Rhythmen der natürlichen Welt verloren.

Hier sei eine Warnung ausgesprochen: Sollten wir vergessen, dass das Schicksal der Menschen untrennbar vom Humus ist, vom Mutterboden, der uns trägt, so werden wir unsere verletzlichen Landschaften, Luft- und Wasserressourcen ruinieren. Und falls die wilden Zonen und Schutzwälder verschwinden, in denen die Wölfe frei herumstreifen können und die Luft ihr Leben erhaltendes Maß an Sauerstoff bezieht, dann werden sowohl unser Planet als auch unsere Hoffnung in tödlicher Gefahr sein. Je weiter wir die uns geschenkte Wohnstatt zerstören, desto mehr werden wir versuchen, uns ein Stück Hoffnung zu retten, indem wir fantastische, verzweifelte Träume entwickeln, auf andere, noch unentdeckte grüne Planeten flüchten zu können. Meiner Überzeugung nach ist es eine Illusion, unsere Hoffnung in solche *Science-Fiction*-Träume von Weltraumkolonien zu investieren, die irdische Flüchtlinge beherbergen könnten. Diese Erde, die knospt und blüht, ist unsere letzte und beste Hoffnung.

Soweit zur gesegneten Natur. An welcher Stelle füge ich mich in diesen Kreislauf ein? Die Bäume und Blüten kommen, gehen und kommen wieder. Aber ich? Meine Seele? Mein Körper? Mein Geist? Was wird aus meiner Geschichte? Bin ich eine Ausnahme vom Naturgesetz des Erhalts der Energie? Lässt mich der Große Recycler auf dem kosmischen Müllhaufen landen? Bin ich ein zufälliges Bewusstsein, das für einige Zeit einen gemieteten Körper bewohnt (dessen Mietvertrag zum Zeitpunkt meines Todes endet)? Bin ich eine Art Waise, ein Zuschauer, ein Exilierter, der allein außerhalb des Quellgrunds der Schöpfung steht?

Die Hoffnung ist eine elementare Emotion und untrennbar von unserer Lebenskraft. Ich hoffe, weil mein Wesen am Werden ist. Ich existiere im Noch-Nicht. Ich werde in eine Zukunft gezogen, die ich mir weder vorstellen noch im Voraus ansehen kann. Sehnsucht und Hoffnung sind die Hauptbeweger meines Daseins. Ich bin voller Leersein und Sehnsucht. Nichts kann meine metaphysische Rastlosigkeit zur Ruhe kommen lassen. Alles Vergangene und Gegenwärtige schöpft nicht ganz die Verheißung meines Lebens aus. Meine treffendste Antwort auf die Frage: »Bist du Sam Keen?« lautet: »Noch nicht.«

Was bedeutet diese unstillbare Sehnsucht? Sie könnte, wie Sartre und Camus behaupten, der Beweis dafür sein, dass wir absurde, von nutzlosen Leidenschaften getriebene Geschöpfe sind. Oder es könnte bedeuten, dass wir unvollendet sind, noch im Geburtskanal stecken, die umfassenderen Geburtswehen eines Kosmos verspüren, der selbst noch im Werden begriffen ist. Ein uralter mystischer Grundsatz lautet: »Wie außen, so innen.« Und umgekehrt.

Weil Sein ein Werden ist, wie jeder Physiker bezeugen wird, geht die Frage nach der Identität des Menschen weit über alles hinaus, was uns die Psychologie zu fragen lehrte. Aus naturwissenschaftlicher Sicht ist die Evolution ein fortwährendes Austragen. Die Geschichte der Natur ist die Geschichte eines nie endenden Gebärens. Meine eigene Biografie ist vom ewigen Prozess, vom Alpha und Omega nicht zu trennen. Der Kohlenstoff in meinem Körper war einmal in einem fernen Stern. Mein limbisches Gehirn ist ein Erbe von den Reptilien. Welche heilige Kraft auch immer – ein holographischer Geist, »G.« oder Götter – diese unablässig im Werden begriffene Welt beseelt, sie hat mich jedenfalls schon längst in ihre geheimnisvollen Absichten mit eingewoben. Die Fingerabdrücke des Uralten finden sich an mir überall. Dass ich im Rahmen des Lebens des unaufhörlich sich erneuernden Einen und Vielen existiere, ist ein Faktum. Wie ich existiere, entzieht sich jedem Verstehen.

Die Schöpfung ist eine unvollendete Symphonie. Und ich? Jeder Mensch? Die Hoffnung ist in unserer DNS inkarniert. Das Ganze ist dem Teil eincodiert. Der ewige Klang ist dem Atem immanent. Das heilige Wort OM tönt durch alle Chakren und erschafft einen gesunden Körper und Geist. Das Fleisch ist eine Stimmgabel. Horche auf deinen Körper!

Würde ich mir den Luxus einer christlichen Redeweise gestatten, so könnte ich sagen, dass im Leben des Körpers jeder

Tag ein Karfreitag und Ostertag zugleich ist. Tod und Auferstehung sind nicht Einzelereignisse, sondern das Wesen der uns beseelenden Lebenskraft, die in unserem Fleisch verborgen steckende göttliche Schöpfung. Ich bin ein geboren werdendes Selbst in einem geboren werdenden Universum. Meine Austragungsphase ist ewig. Mein Ende ist nicht wissbar. Darum hoffe ich.

Vertrauen

Vertrauen:
Der erste Segen.
Die endgültige Tugend.

Am Anfang ist das Vertrauen ein uns gegebenes Geschenk – oder es ist uns versagt. Glücklich das Kind, das liebevoll in die Arme genommen und genährt wird und in seinen ersten Lebensjahren erfährt, dass es Freude macht. Dieses Kind wird nämlich mit einem Grundgefühl des Vertrauens, der Sicherheit und des Optimismus ausgestattet. Unglücklich das Kind, das widerwillig in den Armen gehalten, schlecht behandelt oder vernachlässigt wird, denn dieses Kind wird unsicher sein, kein Vertrauen haben können und sein Leben lang gegen das Gefühl ankämpfen müssen, nicht willkommen zu sein.

Aber im Lauf der Zeit werden sowohl das glückliche als auch das unglückliche Kind aus dem Garten Eden vertrieben. Sie werden gezwungen, ihren Weg in einer Welt zu finden, in der mehr die Macht als die Güte zählt. Im Horizont einer Welt, die Darwin als Schauplatz gnadenloser Selektion und Thomas Hobbes als Krieg aller gegen alle beschrieben haben, ist es nicht sicher, anderen zu vertrauen oder ihnen zu unterstellen, ihr Wohlwollen sei mehr als verkapptes Eigeninteresse. Der universale Überlebenskampf, in dem die Starken die Schwachen vernichten, liefert zwingende Beweise dafür, dass wir in einem brutalen Universum leben. Oder schlimmer noch: dass wir in eine Ordnung eingesperrt sind, die von einer Gottheit geschaffen wurde, welche unfähig ist, den bösen Herrscher dieses Zeitalters zu besiegen.

Da wir also von den Klammern von Zeit und Raum umschlossen sind und die Gesamtheit jenseits unserer Sicht nicht kennen, sehen wir uns gezwungen, eine Entscheidung zu treffen, noch ehe alle Beweise für sie sprechen – was sie nie tun werden. Haben wir erst einmal die bittere Wahrheit verkostet, dass Leiden ein universales Schicksal ist (diese Wahrheit, von der der Buddha behauptete, sie sei befreiend), so sind wir mit dem unschuldigen Vertrauen am Ende, das uns hoffentlich in unserer Kindheit in die Wiege gelegt worden ist. Jetzt müssen wir eine reife Form des Vertrauens finden, die auf der Gegenseite von Zweifel und Hoffnungslosigkeit liegt. Damit stehen wir vor der Herausforderung, eine Weltsicht zu entdecken, die es uns ermöglicht, unser Vertrauen auf uns selbst und andere auch dann zu setzen, wenn die Welt gefährlich und unvorhersehbar bleibt.

Der Verstand allein hilft nicht weit, wenn es darum geht, welche Einstellung wir bezüglich des letzten Sinns unseres Lebens einnehmen und welche Schlüsse wir aus einem kosmischen Prozess ziehen sollen, der nährt und erschlägt, heilt und versehrt sowie große Freude und viel Leiden mit sich bringt. Die Frage, ob die kosmischen Kräfte bösartig oder wohlwollend sind, lässt sich nicht mittels einer Berufung auf objektive Fakten lösen. Diesbezüglich bauen sowohl düstere als auch rosige Ansichten auf eine höchst selektive Sammlung von Informationen auf. Alle Weltvorstellungen sind Projektionen (Rorschach-Tests), die zu sich selbst erfüllenden Prophezeiungen führen. Das entspricht einem Schachbrett, auf dem man entweder schwarze Quadrate auf einem weißen Untergrund sieht oder weiße Felder auf einem schwarzen Grund. Die verwirrende, unergründliche Welt, die wir bewohnen, ist durchweg zweideutig und weckt in uns die widersprüchlichen Impulse, ihr entweder zu vertrauen oder nicht zu vertrauen.

Bevor wir eine bestimmte Weltsicht wählen, sollten wir uns überlegen, zu welcher Lebensart sie uns führt und wie sie unser Verhalten und Selbstverständnis beeinflusst. Führt sie dazu, uns an die bürgerlichen Tugenden zu halten – an Ehrfurcht, Rücksicht, Güte und Gerechtigkeit –, ohne die wir nicht gut nachbarlich miteinander leben können? Ermutigt sie uns dazu, vertrauenswürdig zu sein? Hilft sie wirklich, uns in dieser fremden Welt daheim zu fühlen?

Falls ich eine für mich bösartige Weltsicht wähle, werden meine Handlungen auf dem Grundsatz beruhen: »Du sollst niemandem trauen!« Dann ist vorauszusehen, dass ich als paranoider Bewohner einer lebendigen Hölle enden werde. Mein Körper wird sich einen Panzer gegen Zärtlichkeit und Hoffnung zulegen; ich werde in einem Kosmos leben, gegen den ich ständig Krieg führen muss. Ohne Vertrauen wird die Welt zum Schlachtfeld.

Eine reife Haltung des Vertrauens ergibt sich nicht aus einem blinden Glaubenssprung, sondern als Schritt weg vom festen Grund der täglichen Erfahrung des Heiligen – des Staunens, der Dankbarkeit und der anderen elementaren Emotionen – in das Unbekannte hinein, als Schritt in eine Lebensart, die ihrem Wesen nach religiös ist. Ludwig Wittgenstein sagte es so: »Es kommt mir vor, als könne ein religiöser Glaube nur etwas wie das leidenschaftliche Sich-Entscheiden für ein Bezugssystem sein. Also obgleich es Glaube ist, ist es doch eine Art des Lebens, oder eine Art, das Leben zu beurteilen.«

Zu einem Lebensstil, der in der existenziellen Entscheidung wurzelt, dem unerkennbaren umfassenden Geheimnis zu vertrauen, gehört die Bereitschaft, verletzlich und vertrauenswürdig zu sein. Das ist alles andere als eine Art des positiven Denkens oder des naiven Optimismus, sondern man erkennt dabei in allen Formen der Schändung das Böse: in Grausamkeiten, Kriegen, Armut, Umweltzerstörung. Gegen all dies engagieren sich in leidenschaftlichem Kampf alle, die aus einer Vision des Heiligen leben. Reifes Vertrauen ist militant, nicht passiv.

Zu keinem Zeitpunkt steht man vor der Entscheidung, ob man vertraut oder nicht vertraut, derart schmerzlich wie bei der Konfrontation mit dem Tod. Letztlich werden wir mit oder ohne unsere Zustimmung die schmale, einbahnige Brücke über die Leere überqueren, die aus einer von Großartigem und ungemein Schmerzlichem erfüllten Welt in das unermesslich Unbekannte führt.

> Am Ende, wenn es nichts mehr gibt,
> woran ich mich festhalten kann,
> und ich kein Ziel mehr kenne,
> muss ich mich hinlegen
> und den immer anwesenden Armen
> eines unbekannten »G.«s vertrauen.

Demut

> *Demut, diese bescheidene, süße Wurzel, aus der alle himmlischen Tugenden sprießen.*
> Thomas Morus

Vor vielen Jahren neigte ich als junger Professor zum ständigen Rebellieren und Bilderstürmen, weshalb man mir vorwarf, arrogant zu sein. Das verstörte mich, denn obwohl ich auf meine Arbeit stolz war und meine Ansichten energisch vertrat, war mein Selbstwertgefühl wacklig, und ich litt unter häufigen Anfällen von Selbstzweifeln.

Auf der Suche nach einem Rezept gegen meine Gemütsverfassung suchte ich die Abteilung »Psychologie« der Bibliothek auf und begann aufs Geratewohl Bücher aus den Regalen zu greifen, in der Hoffnung, eines zu finden, das auf meine Lage passte. Ein Mordsglück ließ mich an Karen Horneys *Neurose und menschliches Wachstum* (1950; deutsch 1975) geraten. Ich sah das Buch durch, nahm es mit nach Hause und verbrachte den Großteil der Nacht damit, es zu lesen. Am nächsten Tag kaufte ich mir ein eigenes Exemplar davon und begann darin die Stellen zu unterstreichen, die mir einige Einsichten in die Psycho-Logik meiner Gemütsschwankungen eröffneten.

Das Elixier, das auf mich befreiend wirkte, war die Art, wie Horney die Natur der Neurose erklärte. Sie brachte mir bei, dass die Neurose ein Zustand sei, in dem der Mensch zwischen Gefühlen der Überlegenheit und der Unterlegenheit hin- und herschwankt. Der Neurotiker kann jederzeit überhebliche Urteile über andere äußern und kurz danach von Gefühlen seiner eigenen Wertlosigkeit und Erniedrigung gepeinigt werden. Was dem Neurotiker ganz fehlt, ist die realistische Einschätzung seiner selbst. Angesichts dessen, wie die Wetterlage meiner Stimmungen immer wieder umschlug, ging mir auf, dass Horneys Theorie der Neurose ganz genau meine Verfassung beschrieb, und ich sah ein, dass ein guter Schuss Realismus meinen schmerzlichen Gemütsschwankungen ein Ende bereiten könnte.

Einen Monat später saß ich mit einem alten Freund bei einem Glas Wein zusammen und erzählte ihm von meinem Hin und Her zwischen Hochmut und Minderwertigkeitsgefühlen. Nachdem er sich mein schmerzliches Dilemma angehört hatte, sagte er zu mir: »Sam, ich habe immer gemeint, der Hochmut sei eine deiner wenigen *guten* Eigenschaften.« Wir lachten, aber dieses Gespräch hinterließ bei mir die Frage nach der Natur der Demut. Warum hatte er meinen Hochmut gelobt? Was wusste er über mich, das ich nicht wusste?

Heutzutage genießt unter allen elementaren Emotionen keine ein geringeres Ansehen als die Demut. Sie wird häufig mit geringer Selbstachtung oder mit Erniedrigung und Beschämung gleichgesetzt. Die Armen, die Sanftmütigen und die Demütigen, die Jesus so schätzt, sind im Himmelreich der Wohlhabenden fehl am Platz. In unserer ganz vom Wettbewerb bestimmten Gesellschaft ist der Ehrenplatz dem Gewinner vorbehalten – dem »Übermenschen«, der Nummer eins. Wir betrachten ganz wie Nietzsche die Demut als Scheintugend, die bloß Schwäche kaschiert.

Geht man vom Gebiet des Mammons zu dem der Religion über, so steht es darin mit der Demut nicht sehr viel besser. Die meisten religiösen Definitionen der Demut haben den

Hauch einer falschen Frömmigkeit an sich. Laut Thomas von Aquin bezeichnet Demut Niedrigkeit und Unterwürfigkeit. Bernhard von Clairvaux definiert sie als »Tugend, mittels derer der Mensch, der sich so erkennt, wie er wirklich ist, sich selbst erniedrigt«. Häufig wird die Demut so beschrieben, dass sie darin bestehe, seine eigenen Mängel deutlich zu sehen und sich deshalb bereitwillig Gott und um Gottes willen auch anderen zu unterwerfen.

Diese Idealisierung der Niedrigkeit und Unwürdigkeit beruht auf unterschwelligen Bildern, die lange die westliche religiöse Vorstellung beherrscht haben. Es sind Bilder vom Knecht, der vor seinem Herrn kniet, vom Sklaven, der vor seinem Herrscher kniet, oder vom Sünder, der vor einem transzendenten Gott kniet. Wenn wir solche Bilder als getreue Wiedergaben der Verfassung des Menschen gelten lassen, sehen wir uns verpflichtet, unser Haupt vor unserem Herrn zu beugen. Lehnen wir dagegen diese gesamte Bilderwelt ab – also das Modell von Herr und Knecht –, so müssen wir entweder gegen den göttlichen Tyrannen rebellieren (und uns von den Rechtgläubigen Hochmut vorwerfen lassen) oder uns ein neues Vorstellungsmodell eines »G.«s suchen, der unter Demut versteht, dass es dabei um das Wahrnehmen der vollen Verheißung dessen geht, was Menschsein ist.

Wenn man sich weigert, sich vor einem rechthaberischen Gott zu beugen, ist das nicht Hochmut, sondern gesunder Stolz. Ich glaube, es war ein Stück weit dieser Stolz, der sich hinter der Maske der Rebellion verbarg, den mein Freund in mir wahrgenommen hatte, während ich selbst ihn in mir noch nicht zu erkennen vermochte.

Aber bevor wir die ehrwürdige Vorstellung der Demut abtun, sollten wir sie uns von verschiedenen Seiten her noch etwas genauer ansehen.

Der buddhistische Ansatz zur Demut ist wie derjenige von Karen Horney psychologischer Natur. Da der Buddhismus nicht von der Existenz eines transzendenten Gottes ausgeht, gilt in ihm die Demut als Tugend, die man im Lauf eines langen

Prozesses der Selbstbeobachtung gewinnt. Es erfordert ein gesundes Maß an Selbstvertrauen und Mut, um ein wirklich realistisches und demütiges Verständnis des Selbst zu erlangen. Wenn wir es wagen, uns intensiv auf Schweigen, Einsamkeit und Meditation einzulassen, stoßen wir unweigerlich auf die Tatsache, dass unsere Gefühle zwischen den Extremen der Großartigkeit und der Erbärmlichkeit hin- und herschwanken. Wir denken vom Selbst entweder zu groß oder zu gering. Wollen wir erleuchtet werden, müssen wir beide Extreme ablegen. Der siebte Dalai Lama sagte es so: »Wer hat großartiges Selbstvertrauen und fürchtet nichts, was existiert? Der Mensch, der zur Wahrheit gelangt ist und frei von Irrtum lebt.«

Demut ist eine eigenartige, sich ständig entziehende Tugend. Wenn man nach ihr sucht, verschwindet sie. Wenn man sich selbst überprüft und dabei findet, dass man sie besitzt, verkehrt sie sich in ihr Gegenteil: Stolz oder Hochmut. Man kann sie in einem bewundernswerten Fremden oder Freund schätzen, solange man den Mund hält und nicht über sie spricht.

Vielleicht ist die Tugend der Demut überhaupt keine Tugend, sondern lediglich ein Spiegel, in dem wir im Licht der anderen Tugenden eventuell unsere eigene wahre Natur sehen. In den Spiegeln des Neurotiker-Spiegelkabinetts sehen wir uns immer entweder zu klein oder zu groß oder sonstwie verzerrt. Nur der Spiegel der Demut spiegelt genau unsere wahre Größe und Verfassung. Oder man kann sich die Demut als Diamanten vorstellen, dessen viele Facetten die elementaren Emotionen spiegeln, welche die heilige Vision ausmachen.

Der einsame Diamant – die Demut – ist von einer Traube anderer Juwelen umgeben, nämlich von elementaren Emotionen, die dem Blick das Heilige aufblitzen lassen:

Mit dem blendenden Licht unseres Staunens entdecken wir
uns selbst im Rahmen eines unerklärlichen Geheimnisses.
Mit dem warmen Glühen unserer Dankbarkeit empfangen wir
unser Leben von einer Quelle außerhalb unser selbst.

Mit unserem Erschauern beben wir angesichts der überwältigend kreativ-destruktiven Kraft des Kosmos.
Mit unserer Freude werden wir von einer bedingungslosen Gnade überrascht.
Mit unserer Trauer beweinen wir alle vergängliche Schönheit.
Mit unserer Ehrfurcht hören wir voller Respekt auf die Myriaden von Stimmen des Gemeinwesens aller empfindenden Lebewesen.
Mit unserem Mitfühlen teilen wir die Trauer und Freude unseres Nächsten.
Mit unserer Wut leisten wir der Schändung durch Krieg, Armut und Verschmutzung der Flüsse und Luft Widerstand.
Mit unserer Angst und Furcht fühlen wir uns in der Unendlichkeit von Raum und Zeit verloren.
Mit der uns geschenkten Kraft spüren wir uns begeistert von der sich uns mitteilenden Energie des Kosmos erfüllt.
Mit dem Eingehen auf unsere Berufung entdecken wir unsere Verheißung und unser Potenzial.
Mit unserer Hoffnung bewegen wir uns in Richtung einer Erfüllung, von der wir uns gar keine Vorstellung machen können.
Mit unserem Vertrauen überlassen wir uns der unbekannten Quelle der bekannten Welt.
Mit unserer Demut wissen wir, dass unsere Bestimmung irdisch ist – von Staub zu Staub –, und bleiben in der lichthellen Finsternis zufrieden.

Als Redakteur von *Psychology Today* interviewte ich zwei Jahrzehnte lang alle möglichen Psychologen, Philosophen und Gurus. Unter den außergewöhnlichen Persönlichkeiten, mit denen ich dabei sprechen konnte, war keine gewinnender und unwiderstehlicher als Guru Bawa. Bawa war ein altersloser Sufi-Mystiker – im einen Augenblick konnte man ihn für vierzehn halten, im nächsten für hundertvierzehn –, der irgendwoher aus Ceylon aufgetaucht war und sich in Philadelphia einen Freundeskreis geschaffen hatte. Seine Vorträge waren voller Gleichnisse, Scherze und weiser Ratschläge für seine Anhänger. Oft verfiel er, ohne es zu merken, in ekstatische Gesänge auf Tamilisch, eine Art von heiligem, poetischem Sprechgesang. Er war, soweit ich das irgendwie verstehen konnte, ein Muster der Demut.

»Sie müssen das verstehen. In der Welt gibt es keinen Niedrigeren als mich und keinen größeren Schurken als mich. Ich bin aber auch ein guter Mensch. Ich habe keinen Reichtum für mich … Ein winziges Wesen ist das, der Guru Bawa, aber sehr wertvoll. Mein Name bedeutet ›Ameisenmensch‹. Diesen Namen bekommt man, wenn man sich selbst verwirklicht hat. In dieser Welt müssen wir ganz klein werden, damit wir überallhin gehen und in alle Geheimnisse Gottes eindringen können … Wenn wir diese Art von Bewusstsein besitzen, können wir in dieser Welt ein Haus für die Seele bauen …«

5. Kapitel

Sprechen über Gott und heiliger Nonsens

Nehmen wir uns jetzt Zeit zum Innehalten. Steigen wir auf einen hohen Baum, schauen zurück und sehen zu, wo wir jetzt stehen.

Wir hatten damit begonnen, dass wir die götzendienerischen religiösen und säkularen Mythen unseres Zeitalters infrage gestellt hatten. Deswegen hatten wir uns von unseren eingeschliffenen Wertvorstellungen und Lebensstilen verabschiedet und einen einsamen Aufenthalt in der Wüste angetreten. Gerade als wir darin der Versuchung zu erliegen drohten, die Hoffnung aufzugeben, wir könnten einen authentischen Zugang zum Heiligen finden, stießen wir auf eine verborgene Oase und entdeckten einen reichen Schatz von elementaren Emotionen, auf die alle, die am Menschsein teilhaben, von Geburt an ein Recht haben.

Jetzt stehen wir vor der Herausforderung, diesen unseren Schatz richtig einzusetzen. Horten wir ihn? Behalten wir ihn für uns selbst? Sollten wir uns wie der hinduistische Mystiker Ramana Maharishi in die Mangohöhle zurückziehen, im Schweigen verharren und über die unaussprechliche Bewusstheit des Einsseins meditieren? Endet die Suche nach dem Heiligen damit, dass wir unseren eigenen Garten pflegen und uns häuslich in unseren privaten, nicht mitteilbaren Erfahrungen niederlassen?

Weil wir Menschenwesen auf Sprache und Kommunikation angelegt sind, können wir nicht im Staunen erstarren und stumm bleiben. Wir sind eine Spezies, der das Geschichtenerzählen und Philosophieren zur Erklärung unserer Welt angeboren ist. Daraus folgt: Es wäre reine Torheit, zu unterstellen, wir könnten das Sprechen über den eigentlichen Kontext und tiefsten Sinn unseres Lebens bleiben lassen. Wir schaffen es einfach nicht, uns mit der persönlichen Erfahrung unserer elementaren Emotionen und des großen, allumfassenden Mysteriums zufriedenzugeben. Unsere Gefühle verlangen nach Ausdruck. Wie sollen wir uns dieses ewige Bedürfnis erklären, zu »G.« und über »G.« zu sprechen, wo doch alles, was wir sagen, Widersprüche, Paradoxa und sogar heiligen Nonsens enthält? Sich mitteilen heißt in die Gemeinschaft zurückkehren. Der Held muss von der inneren Reise ins normale Leben des Dialogs und sich Einbringens heimkommen.

Gebete zu einem abwesenden Gott

Rational betrachtet, ist das Reden *zu* »G.« reiner Nonsens, ein Überbleibsel unserer kindlichen Gewohnheit, alle unsere Beschwerden und Bitten einem mächtigen Erwachsenen zu unterbreiten. Aber so wenden wir uns an Gott: »Lieber allmächtiger Gott, bitte gebiete dem Völkermord in Darfur Einhalt, tröste die Millionen in Afrika, die unter AIDS leiden, segne dein auserwähltes Volk und dein heiliges Land, schenk uns den Sieg über unsere Feinde und schütze unsere Truppen und bring sie sicher heim. Wir bitten dich auch um die Heilung unserer kranken Verwandten und bedanken uns für den jüngsten Zuwachs zu unserer Familie. Dein Reich komme, dein Wille geschehe.«

Dieses Gebet scheint auf der Annahme zu beruhen, Gott sei das Nervenzentrum einer Art von kosmischem Internet, das in regelmäßigen Abständen an einer Funktionsstörung leidet, vielleicht verursacht durch den zeitweiligen Triumph des Bösen in einer fernen Region des Universums. Von daher gesehen ist das Gebet der Versuch, unseren Computer wieder online zu bekommen, nämlich in Kontakt mit der göttlichen Quelle, aus der aller Segen erfließt. Oder vielleicht ist der Ewige Konzernchef einfach vom Multitasking überfordert, das gesamte Universum am Laufen zu halten, und braucht eine Erinnerung an die kleinen Anliegen in unserer engsten Umgebung: einen Anstoß, einen Brief an unseren Abgeordneten, eine Eingabe an den obersten Regierungschef.

Falls der Gott, an den wir uns mit unseren Anliegen wenden, wirklich allwissend, allmächtig und allgegenwärtig ist, dann sollte Er-Sie-Es unsere Gedanken schon von Weitem kennen. Und falls der Satz stimmt: »Noch liegt mir das Wort nicht auf der Zunge – du, Herr, kennst es bereits« (Psalm 139,4) – warum beten wir dann überhaupt? Unsere Bemühungen, mit Gott zu kommunizieren, scheinen dann doch überflüssig zu sein.

Manche fehlgeleitete Apologeten haben behauptet, die Wirksamkeit des Gebets lasse sich wissenschaftlich beweisen. Angeblich wachsen Pflanzen, für die man betet, schneller und werden stärker. Manche Doppelblindversuche sollen angeblich beweisen, dass Patienten, für die gebetet wird, schneller geheilt werden als diejenigen, die man nur den Behandlungen durch die moderne Medizin überlässt. Anhand anderer Experimente behauptet man das Gegenteil. Meiner Auffassung nach ist so die ganze Frage nach der Wirksamkeit des Gebets falsch gestellt. Genau wie die Frage, ob es Gott gebe oder nicht, lässt sich auch diese Frage nicht empirisch mittels bestimmter Experimente lösen.

Diese Art Gebet ergibt für mich keinen Sinn. Daher muss ich verstehen, warum ich mich gelegentlich selbst beim Beten ertappe. Ich bete, weil ich mir selbst nicht helfen kann.

Vor etlichen Jahren war ich im Himalaya-Gebiet unterwegs, als mich die Nachricht erreichte, mein langjähriger Freund Dick Ruopp sei nach langem Todeskampf an ALS, einer degenerativen Erkrankung des motorischen Nervensystems, gestorben. Als hilflose Geste befestigte ich an einer Hängebrücke über einen rauschenden Fluss eine lange Schnur mit buddhistischen Gebetsfähnchen und wurde dabei von Wogen der Trauer erschüttert. Ich war nicht länger der Handelnde, sondern wurde zu einem, an dem gehandelt wurde, war das Instrument, auf dem eine traurige Melodie gespielt wurde.

Wenn jemand, den ich liebe, viel zu leiden hat oder einen großen Verlust verkraften muss; wenn mein Leben sich binnen einer Nanosekunde radikal verändert und ich mich an die Grenze zwischen Leben und Tod gestellt sehe; wenn es nichts mehr zu tun oder zu sagen gibt – dann reichen einander Ohnmacht und Hoffnung die Hand und ich spreche das Geheimnis an, aus dem ich herkomme und in das ich wieder verschwinden werde.

Natürlich hat es ein Stück weit etwas Kindliches an sich, zu einem schweigenden »G.« zu sprechen. Aber Sigmund Freud hat uns gelehrt, dass auch in der kompliziertesten Psyche noch ein kleines Kind wohnt. Im Gebet finde ich genau wie in der Psychotherapie wieder die Stimme der Unschuld, die die Urworte spricht: »Ich habe Angst, ich brauche dich, ich liebe dich, verlass mich nicht, ich bin verletzt, ich bin traurig, ich verstehe nichts mehr.« Das Gebet ist die Stimme, die unsere tiefsten Gefühle äußert. In dieser Rolle ist ihm beschieden, uns immer zu bleiben.

Wer spricht ein Gebet und zu wem spricht er es? Martin Buber sagte, das Gebet sei ein Dialog zwischen dem Ich und dem Ewigen Du. Aber diese Vorstellung bleibt zu einfältig. Das Problem an diesem Vorstellungsmodell ist, dass bei diesem Dialog unser Partner ein unkommunikativer »G.« ist, sozusagen der ultimative nicht-direktive Psychotherapeut aus der Schule von Roger, der überhaupt nichts über sich selbst offenbart. Aber die schweigende Gegenwart könnte vielleicht genau das sein, was wir dafür brauchen, um uns selbst zu erkennen.

Ich wende mich dem Gebet, der Therapie oder der Meditation zu, um die Wahrheit über mich selbst zu finden. Der Schock der Selbsterkenntnis stellt sich mit der Wahrnehmung ein, dass das, was außerhalb meiner selbst ist, den Zweck meines Lebens nicht bestimmen wird (und das auch nicht tun kann). Die schweigende Gegenwart des Anderen erinnert mich daran, dass meine Würde als Mensch in der Annahme des schrecklichen und wunderbaren Geschenks meiner Freiheit liegt.

Das Gebet hebt die Grenzen zwischen meinem Geist und dem unbekannten allumfassenden »G.« auf. Es ist eine Form des metaphysischen Verkehrs, bei dem ich und der/die/das Andere, welches der Grund meines Seins ist, einander derart umschlungen halten, dass es gar keine Möglichkeit gibt, uns zu trennen. Was das Gebet so eigenartig macht, ist das Phänomen, dass es scheinbar eine getrennte andere Instanz anspricht und zugleich zugibt, dass ich und der/die/das Andere voneinander untrennbar sind.

Ich kenne keine Stelle in der religiösen Literatur, an der diese Erfahrung der implizit immer schon vorhandenen Beziehung zwischen dem Selbst und dem immer gegenwärtigen »G.« klarsichtiger thematisiert wird als im Psalm 139. »Wohin soll ich flüchten vor deinem Geist, wohin vor deinem Antlitz entfliehen? Stiege ich zum Himmel empor, so bist du zugegen; wollte ich in der Unterwelt lagern, so bist du auch dort … Du hast gebildet mein Innerstes; du hast mich im Schoß meiner Mutter gewoben. Ich preise dich, dass ich geschaffen bin so wunderbar, dass wunderbar all deine Werke! Du kennst meine Seele bis auf den Grund, nicht war dir verborgen mein Wesen: Als ich gebildet wurde im Dunkel, gewoben in den Tiefen der Erde, schon sahen deine Augen auf meine Taten. In dein Buch sind alle geschrieben, festgelegt die Tage, ehe einer noch war« (Psalm 139,7-8.13-16).

Die Buddhisten tragen ihre Gebetsvorstellung einen Schritt weiter in die Naturwelt hinaus. In Bhutan flattern auf den Spitzen der Berge über den Dörfern, auf Bergpässen und an tief in die Täler eingebetteten Bauernhäusern bunte Gebetsfähnchen im Wind. An deutlich sichtbaren Stellen in Bächen drehen sich ständig Gebetsmühlen. Kleine Höhlungen in den Felswänden neben den Wegen enthalten winzige Schreine und Statuetten, die aus einer Mischung aus Erde und der Asche der Toten geformt sind. Oft bin ich in einem Dorf vor Anbruch der Morgendämmerung aufgewacht und habe Mönche singen hören, die unablässig das große Gebet des Buddha *Om Mani Padme Hum* wiederholten, zur Erinnerung an den Schatz des Dharma, des Buddha und der Gemeinschaft, des Juwels im Herzen des Lotus. Auf meine Frage nach dem Sinn der Gebetsfahnen und Gebetsmühlen erklärte mir ein Mönch: Wir glauben, dass auch der Wind und das Wasser genau wie wir Menschen ständig Gebete darbringen sollten.

Das Gebet ist der äußere und innere Ausdruck der inneren und unsichtbaren Absicht, unsere gesamte Seelenlandschaft zu bewohnen und zu kultivieren und das Leben unter die Herrschaft des Heiligen und Bergenden zu bringen. Es ist ein Gelöbnis, dass wir allem, dem wir begegnen, Ehrfurcht entgegenbringen wollen.

Liebe wie Gebet bedienen sich besonderer Gesten und Liturgien, um eine Welt voller Sinn zu erschaffen, einen persönlichen Mikrokosmos. Meine Gebete sind genau wie die Worte, die ich meiner Geliebten zuflüstere, für die Ohren von niemand anderem bestimmt.

Gebet und Liebe:
metaphorische Liebkosungen.
Wunderbarer Nonsens.

Vom Sprechen über »G.«

Das Wort im Wort, die unhörbare Melodie, die tonlosen Geistliedchen … das alles bringt in die Wörter wieder das Nichtsein hinein, macht sie transparent; macht das Licht nicht an, sondern steckt es hinein oder durch; lässt nicht auf den Text sehen, sondern durch ihn hindurch; hilft zwischen den Zeilen lesen; hilft, die Sprache als Spitzenborte erkennen, schwarz auf weiß oder weiß auf schwarz.

N. O. Brown

Um Himmels willen, scheut euch nicht, Unsinn zu reden! Aber ihr müsst auf euren Unsinn achten … Ich denke, ich habe meine Einstellung zur Philosophie auf den Punkt gebracht, als ich sagte: Philosophie dürfte in Wirklichkeit nur als poetischer Aufsatz geschrieben werden.

Ludwig Wittgenstein

Ich stelle fest, dass ich in zunehmendem Maß zögere, den großen und altehrwürdigen Namen, das Hauptwort, das über allen Hauptwörtern steht, in den Mund zu nehmen. Mir hat es die Sprache verschlagen. Trotz meiner Versuchung, angesichts des Bösen zu verzweifeln (dem ich am liebsten gar nicht den Status eines Hauptworts geben möchte), habe ich immer noch ein wankendes Vertrauen auf das Woher und Wohin von allem. Ich befinde mich in der unbequemen Lage, aus dem Bauch heraus eine Art von Vertrauen auf einen »G.« zu haben, von dem ich so gut wie nichts sagen kann, das mir Sinn macht. Immerhin bin ich damit in guter Gesellschaft. Alle großen religiösen Traditionen warnen davor, uns allzu sehr in unserem Reden über »Gott« einzurichten. Die Theologen sprechen von der *via negativa* und meinen damit, dass wir dann am ehesten dem treu sind, was letztlich ein Geheimnis bleibt, wenn wir uns immer wieder dessen bewusst werden, dass wir bestenfalls wissen, was »G.« *nicht* ist.

Trotz meines Unbehagens mit jeglicher positiver Theologie, die behauptet, uns Wissen über den Unerkennbaren mitteilen zu können, interessiert es mich, was mit unserer Vorstellungskraft und unserem Identitätsgefühl passiert, wenn wir den Versuch machen, der Totalität, innerhalb derer wir leben, einen Namen zu geben. Der große dänische Philosoph Søren Kierkegaard erinnert uns daran, dass die Kommunikation über Gott indirekt sei und man Wahrheiten über ihn immer unter Vorbehalt aussprechen müsse. Jede authentische religiöse Sprache ist agnostisch und poetisch, bedient sich also einer besonderen Art und Weise, mit dem Unberührbaren umzugehen und auf das zu zeigen, was ohne Ort ist. Die scheinbar widersprüchliche Aufgabe, über den Unaussprechlichen zu sprechen, verlangt von uns, dass wir Alltagssprache, Poesie, Gleichnis und Lied bewusst auf metaphorische Weise gebrauchen.

Unlängst ritt eine Gruppe militanter Atheisten – Christopher Hitchens, Richard Dawkins, Sam Harris und andere – zu Recht eine Attacke gegen die Volksreligion wegen ihrer kindischen Gottesvorstellungen und ihrer Gutheißung Heiliger

Kriege. Aber leider sind sich diese neuen Atheologen mit den Fundamentalisten in einer gemeinsamen Annahme einig, und das nimmt den Ansichten beider Seiten ihre Stichhaltigkeit: Beide reduzieren die Frage nach »G.« auf die Frage, ob ein übernatürliches Wesen, ein transzendenter personaler Gott *existiere*. Das heißt, wenn man an die Existenz einer allmächtigen und allwissenden Person glaube, sei man ein gläubiger Mensch; wenn nicht, sei man Atheist.

Warum senkt sich eine Wolke der Dummheit auf ansonsten intelligente Gläubige, Denker und Atheisten herab, sobald sie über »G.« reden? Woran liegt es, dass sie dann auf dem Niveau von Sonntagsschulkindern diskutieren, die sich streiten, ob es den Weihnachtsmann gebe oder nicht?

So wurde zum Beispiel schon endlos viel über die Frage geschrieben, ob Gott »personal« sei. Weder die Behauptungen noch die Infragestellungen der Existenz eines »persönlichen« Gottes halten einer rationalen Analyse stand. Die typischen Charakterzüge einer Person – eines endlichen, geschlechtsspezifischen, Geschichten erzählenden, zweibeinigen Lebewesens – lassen sich überhaupt nicht auf den Großen Unbekannten anwenden. Wir sprechen von Gott als personalem Wesen, weil wir personale Wesen sind und nur über Metaphern für ihn verfügen, die unserer an Zeit und Raum gebundenen Vorstellungswelt entstammen. Mit ihnen versuchen wir, an diese letzte Wirklichkeit heranzureichen, die sich für immer unserem Zugriff entzieht. Wenn wir uns entscheiden, auf den Grund des Daseins und Werdens die Metapher »Person« anzuwenden, liefert uns das die Rechtfertigung dafür, eine Sprache des Gebets und Lobpreises, der Bitte und Danksagung zu schaffen, mit der wir das ansonsten unaussprechliche Mysterium anreden. Darauf, ob »G.« personal ist oder nicht, kommt es gar nicht an. Wichtig ist nur: Wenn wir uns vorstellen, dass wir zu einem personalen Wesen sprechen, das uns Menschen ähnelt, tun wir uns am leichtesten damit, ihm gegenüber unsere Ängste und Hoffnungen zum Ausdruck zu bringen.

Es bringt nicht viel, sich ausführlich auf die Schlussfolgerungen der derzeitigen Anti-Gott-Kampagne einzulassen. Poetisch behinderte Positivisten gleichen blinden Kunst- oder schwerhörigen Musikkritikern und taugen kaum als Führer in die Landschaft des Heiligen. Viel erhellender ist es, sich intensiv mit den Dichtern, Geschichtenerzählern und glühenden, aber besorgten Religionskritikern wie Dostojewski, Feuerbach und Nietzsche zu beschäftigen.

Die eigentliche Frage ist nicht, *ob* wir über »G.« sprechen sollen, sondern *wie* wir das tun sollen.

In Arthur C. Clarks Erzählung *The Nine Billion Names of God* stellt ein buddhistisches Kloster in Tibet eine Gruppe von Computerexperten an. Sie bekommen den Auftrag, mittels Computerlisten erschöpfend die Milliarden der für Gott möglichen Namen aufzulisten. Wenn das erreicht sei, müssten nach Überzeugung der Mönche diese Namen nicht mehr gesprochen werden; damit sei Gottes Vorhaben mit der Welt erfüllt und Menschheit und Kosmos kämen an ihr Ende. Die Computerspezialisten glauben zwar nicht an den apokalyptischen Mythos der Mönche, aber sie halten es dennoch für klüger, kurz vor Abschluss des Projekts das Kloster zu verlassen. Als sie sich heimlich auf den Weg zu einem Flugplatz machen, wo sie aufgenommen und in die Zivilisation zurückgebracht werden sollen, sehen sie zum Nachthimmel hinauf – und sehen, dass einer der Sterne um den anderen erlischt.

Was würde passieren, wenn wir aufhören würden, alle die lange in Ehren gehaltenen und uns vertrauten Namen nicht mehr zu gebrauchen? Ich stelle mir vor, wenn wir unsere bisherigen Theologien und Liturgien aufgeben würden und das Licht der alten Sterne verblassen würde, säßen wir dennoch nicht in der Finsternis. Dann würde stattdessen eine Art Polarlicht, eine tanzende, vielfarbige Lichtschau über den Nachthimmel ziehen. Wenn wir ganz frei von den alten Logosphären wären, die uns in Formeln, Glaubensbekenntnisse und Autoritäten verkapselt hielten, würden wir womöglich eine Neugeburt der theologischen Kreativität erleben. Eine künftige Religion könnte mit neuen Metaphern spielen und Namen erfinden, die unser immer deutlicheres Verständnis der eleganten Mysterien von Zeit, Raum und Materie zum Ausdruck bringen würden. Statt eines Gottes, der seine Schafe an stille Wasser führt, oder eines Herrn der Heerscharen, der von oben her regiert, würde sie vielleicht das Bild einer rastlosen, allgegenwärtigen DNS vorstellen, die in jede Zelle, jedes Molekül und jeden Kopf einwirkt. Oder es würde das Bild einer universalen Quantenmacht entstehen. Oder, oder, oder … Metaphern ohne Ende, Köpfe, die sich spielerisch in der majestätisch-niedrigen-sakral-alltäglichen Welt, die wir bewohnen, betätigten.

Metaphern, Mythen und metaphysische Hochsprünge

Der Mensch muss über seine Reichweite hinausgreifen können, denn wofür gäbe es sonst Metaphern?
Sandor McNab

Es gibt eine Zeit zum Schweigen und eine Zeit zum Sprechen mit neuer Stimme, die reich an Obertönen des Lachens und Spielens, der Poesie und der Fantasie ist. Nietzsches Worte sind für unsere Zeit prophetisch: »Und als ich meinen Teufel sah, da fand ich ihn ernst, gründlich, tief, feierlich: Es war der Geist der Schwere … Auf, lasst uns den Geist der Schwere töten!«

Alles, was ich über die zehntausend Namen für den Namenlosen weiß, lässt sich in einem einzigen Haiku zusammenfassen:

Geist melkt
die Welt
nach Metaphern.
Heilige Kuh!

Da die Tiefe dieses kleinen Werks eines poetischen Genies bislang seinen wenigen Lesern entgangen ist, will ich es kühn unternehmen, die viele Weisen aufzuzeigen, auf die es Menschen mit agnostischem Glauben ein Trost sein kann, ein Balsam, um die Konflikte zwischen Rechtgläubigen zu mildern, und ein Elixier, um die Argumente militanter Atheologen aufzulösen, die wütend darüber sind, dass ihr unmöglich definierter Gott nicht existiert.

Die Menschen sind das einzige biomythische Lebewesen. Unser Leben ist von der unseren Genen eincodierten biologischen Information geprägt und zugleich auch von der unseren Memen eingeimpften kulturellen Information mit ihren Mythen und Symbolen, die uns von unseren Eltern, unserem Familienstamm und unserer Nation überkommen ist. So leben wir sowohl in einer äußeren Umwelt als auch in einer Sinnlandschaft. Diese Sinnlandschaft ist ein symbolisch abgeschlossenes Gebiet, das wir durch die Arten von Sprache schaffen, die wir verwenden.

Früher oder später unternehmen wir heroische Anstrengungen zu metaphysischen Hochsprüngen, bei denen Metaphern, Mythen und Denkmodelle zum Einsatz kommen. Das tun wir im Bemühen, die verborgene Einheit zu finden, die der vordergründigen Vielgestaltigkeit des Alltagslebens zugrunde liegt. Jede Metapher ist ein Gedankenexperiment, eine Mini-Erzählung über die unwahrscheinliche Ehe von Ähnlichkeit und Unterschied. Die Zeit kriecht mit winzigen Schritten, trottet voran wie ein tapsiger Bär oder fliegt rasch wie ein Pfeil. Das Geld redet, ist die Muttermilch der Politik und die Wurzel alles Bösen. Die Liebe ist eine tiefrote Rose und ein Dorn im Fleisch. In Chicago ist der Nebel eine kleine graue Katze, der Monsun auf der Straße nach Mandalay dagegen ist ein menschenfressender Tiger.

Metaphern sind Öffnungen in einem Dickicht. Sie zeigen einen Pfad auf, der weiter in den finsteren Wald hineinführt, der sich unserem bloßen Auge darbietet. (Das ist eine Metapher, und zwar eine Metapher für die Metaphern.) Könnten wir die buchstäbliche Wahrheit kennen (sofern es eine solche gibt), so würden wir keine Metaphern brauchen, sondern nur wissenschaftliche Formeln, und vielleicht ein bisschen Poesie, um damit die nackten Fakten zu verzieren. Aber Fakten sind scheu, und darum treten sie nie nackt auf. Und das Ganze ist, weil es das Ganze ist, nur in seinen Teilen sichtbar. Die Unerkennbare Gesamtheit (auch als der »G.« der zehntausend Namen bekannt) ist eine Verwandlungskünstlerin, die sich nur in einer unendlichen Anzahl endlicher Verkleidungen eventuell sehen lässt: in einem Sandkorn, in einer Blume, die aus einer Mauerritze sprießt, in der angsterregenden Symmetrie eines Tigers – aber sprechen kann man von ihr nur in Metaphern. Das »G.«-Spiel ist ein einziges Versteckspiel.

Wie die Motte zur Flamme, so fliegt der Geist auf Namen für den Namenlosen, die einen Augenblick aufflackern und wieder rasch im Feuer des Selbstwiderspruchs verlöschen. Den Mystikern aller Zeitalter ist aufgegangen, dass Metaphern für »G.« nie mehr sein können als primitive Symbole für die letzte Wirklichkeit, die jenseits unseres Wissens und Benennens liegt. »Gott« ist, wie Joseph Campbell sagte, eine Metapher für das, was alle Stufen des intellektuellen Denkens übersteigt. Nachdem Thomas von Aquin unzählige Seiten darüber geschrieben hatte, wie wir Gott erkennen und benennen können, schloss er mit der Aussage: »Wir bleiben ihm als dem Unbekannten verbunden.«

Die Art, auf die Einstein in einem spielerischen und bewusst metaphorischen Sinn eine quasi-theologische Redeweise verwendete, gibt uns einen Hinweis darauf, wie wir vielleicht das Reden über »G.« erlösen könnten. Er sprach zwar häufig von »dem Alten« und stellte sich die Frage, ob Gott bei der Erschaffung der Welt viel Wahlfreiheit gehabt habe, aber er bekannte, dass er an keinen persönlichen Gott glaube. Wenn er zuweilen den Begriff »Gott« gebrauchte, war das Ausdruck eines tief ehrfürchtigen Gefühls gegenüber dem Geheimnis und der Rationalität der Natur und der unbegreiflichen Tatsache, dass die Welt begreiflich ist, aber nicht auf ein Superwesen verweist. Er drückte es so aus: »Meine Religion besteht in meiner demütigen Bewunderung einer unbegrenzten geistigen Macht, die sich in den kleinen Dingen zeigt, die wir mit unserem gebrechlichen und schwachen Verstand erfassen können.«

Wenn der arbeitende, analytische, naturwissenschaftliche Geist an eine Leere stößt, über die er nicht hinauskommt, beginnt der spielerische Geist mit seinem Spekulieren. Einstein sagte: »Fantasie ist wichtiger als Wissen.« Wo Fakten und Messbares aussetzen, sind unsere besten Führer die Dichter, Sänger, Geschichtenerzähler und Philosophen, die die Fantasie einsetzen und Metaphern gebrauchen, um mit Möglichkeiten zu spielen, die jenseits des Wissens der rationalen Intelligenz liegen. Wir müssen die Verheißung des Dionysius achten, dass der Pfad der Ekstase hie und da in den Palast der Weisheit führen könne. Soll die Welt jemals vom religiösen Fanatismus frei werden, so muss an die Stelle der orthodoxen Sprache eine Theologie treten, die zu spielen und über sich selbst zu lachen versteht. Bei den Buddhisten gibt es den folgenden Spruch über ihre heiligen Mythen: »Du bist ein Tor, wenn du diese Geschichten glaubst. Und du bist ein Tor, wenn du ihnen nicht glaubst.«

Im besten Fall verhelfen Namen für »G.« dazu, ganz kurz einmal an eine nicht fassbare Wirklichkeit zu rühren. Die richtige Einstellung gegenüber sakralen Metaphern ist nicht Glauben oder Nichtglauben, sondern Experimentieren und Spielen. Man muss ins Heiligtum die Spaßmacher, Poeten, Sänger, Geschichtenerzähler und Zauberkünstler zurückholen. Nach langen Zeiten der Wüste, des Schweigens, der Askese ist es an der Zeit, eine komische, absurde, fremdartige, närrische, ausgelassene Sprache einzuführen. Es ist Zeit zum Lachen. Spielt mit Metaphern. Melkt die heilige Kuh!

Ein Fest der Namensgebung

Das offene Geheimnis lautet: Der Herrscher des Kosmos ist überall präsent, lässt sich aber nirgends finden. Ich lade Sie ein, beim Fest der Namensgebung zur Wiederbenennung des Namenlosen mitzumachen. Machen Sie das Gedankenexperiment, eine Reihe von Namen für »G.« zu erfinden. Spielregeln gibt es dabei nur wenige. Verwenden Sie zunächst nicht die erprobten, wirklichen und in Ehren gehaltenen Namen aus den autorisierten Schriften irgendwelcher Religion im Osten, Westen, Norden oder Süden. Halten Sie sich an ein verbales Fasten. Schenken Sie Jahwe, Allah und dem allmächtigen Gott eine Auszeit, und auch Mose, Mohammed und Jesus. Alle Rechtgläubigen täten gut daran, sich an die Anweisung aus den buddhistischen Schriften zu halten: »Wenn du unterwegs dem Buddha begegnest, töte ihn!« Stützen Sie sich auf keine andere Autorität als Ihre eigene Erfahrung.

Die alten Namen sind durchaus in Ordnung. Aber es geht darum, dass die Formen und Redeweisen, mit denen die Vision des Heiligen und die Spekulationen über »G.« zum Ausdruck gebracht werden, in jeder Generation der Erweiterung und Veränderung bedürfen. An den institutionellen Praktiken der Religion – ihren Dogmen, Ritualen, Kirchen, Gebetsräumen und Moscheen – ist nichts Sankrosanktes. Wenn man nicht ihren Inhalt verlieren will, muss man ihre Formen neu erfinden.

Bitte keine Namen mit Geschlechtsangabe! Vor einigen Jahrzehnten schreckte mich Mary Daly mit ihrem Buch *Jenseits von Gottvater, Sohn & Co.* (1973; deutsch 1986) aus meiner dogmatischen, patriarchalen Verschlafenheit auf. Sie überzeugte mich davon, dass die Rede von Gott als Mann, Vater, Herr und König eine verdeckte Art und Weise sei, die Überlegenheit der Männer und der »männlichen« Tugenden – Vernunft, Macht, Kontrolle – zu behaupten und aufrechtzuerhalten und die Frauen in der unterlegenen Rolle zu lassen. Kurz, das hierarchische System, das in den Theologien des Judentums, Christentums und Islams aufgebaut worden war, stellte eine ideologische Waffe im Kampf zwischen den Geschlechtern dar. Auch wenn das hieß, dass mein bequemer, selbstzufriedener Anspruch auf meine phallozentrische Überlegenheit dahin sein würde, beschloss ich, reuevoll meine Voreingenommenheit aufzugeben und damit aufzuhören, mir die schöpferische und erhaltende Wirklichkeit der Welt als männlichen Geschlechts vorzustellen. Aber stellen Sie sich meine Verblüffung vor, was geschah, noch ehe ich recht diese Wandlung hatte vollziehen können: Ich wurde von lauter feministischen Parolen überrollt, mit denen diese Wirklichkeit als weiblichen Geschlechts erklärt wurde. Da war dann plötzlich von der Muttergöttin die Rede, vom Schoß alles Werdens, vom Zeitalter der Göttin und vom Matriarchat und von der Göttlichkeit alles Weiblichen. Und seltsamerweise lachte niemand oder erinnerte sich daran, dass in den Jahrtausenden, in denen die Große Göttin geherrscht hatte, Menschenopfer dargebracht wurden und die Sklaverei und ein reiches Maß an Blutvergießen und Grausamkeit im Schwange waren.

Es ist höchste Zeit, dass wir alle Stammes- und Geschlechterpolitik aus der Theologie ausräumen und Gott von allen Kriegsschauplätzen und aus allen Schlafzimmern verbannen. Wenn wir keine Möglichkeit finden, über »G.« zu sprechen, ohne unsere politischen, ideologischen und geschlechtsspezifischen Interessen hineinzuschmuggeln, ist es an der Zeit, den Mund zu halten. Vergessen wir den Geschlechtsunterschied und verlegen wir uns ganz darauf, liebevolle Barmherzigkeit zu üben und für alle großen und kleinen Geschöpfe im Gemeinwesen der empfindenden Lebewesen Gerechtigkeit zu schaffen, ohne jede Rücksicht auf Rasse, Farbe, Bekenntnis, sexuelle Ausrichtung, Zahl der Beine, Flügel oder Flossen.

Ein neuer Name sollte unsere Fantasie darüber weiten, worum es letztlich auf diesem gigantischen Bindfadenknäuel geht, in das wir alle eingewickelt sind. Sie können dafür Haupt- oder Tätigkeitswörter verwenden. Aber halten Sie sich vor Augen: In diesem ständig sich verändernden Universum ist ein Hauptwort nur kurzfristig gültig; es ist wie die Momentaufnahme eines Wasserfalls.

Es gibt Namen, die aus dem Kopf kommen, und solche, die dem Herzen entspringen. Wir brauchen beide Arten. Denken Sie beim Erschaffen neuer Namen für »G.« daran, dass Metaphern Sehhilfen sind, Hörhilfen, heilige Wahrnehmungsinstrumente. Es geht dabei nicht um die Frage, ob sie in irgendeinem objektiven Sinn wahr sind, sondern ob sie uns dazu anhalten, zu staunen, dankbar zu sein, Mitgefühl zu haben und Ehrfurcht zu empfinden.

Warnung: Das Wörtlichnehmen irgendeiner einzelnen Metapher könnte Ihrer physischen, politischen und spirituellen Gesundheit schaden. Verwenden Sie sie sparsam. Wechseln Sie mit anderen Metaphern ab. Hören Sie damit auf, falls eine der folgenden Nebenwirkungen eintritt: Atrophie der Fantasie, schwindender Sinn für Humor, Überzeugung, die Wahrheit zu vertreten, oder Mangel an Toleranz gegenüber anderen Verstehensweisen.

Versuchen Sie Folgendes: Schreiben Sie einen kurzen Kommentar, mit dem Sie Ihre neuen Namen erklären. Was helfen sie Ihnen sehen, vor Augen halten, fühlen, tun?

Wenn ich mit neuen Sprachmöglichkeiten spiele, stelle ich fest, dass mich jede neue Metapher dazu zwingt, mir die Frage zu stellen: Was meine ich eigentlich genau damit, wenn ich von »G.« spreche? Welcher Art von Erfahrung versuche ich damit Ausdruck zu verleihen? In jedem Fall sehe ich mich gezwungen, mich auf irgendeinen Vorfall oder eine persönliche Epiphanie zu beziehen, bei der eine meiner elementaren Emotionen im Spiel war. Jeder neue Name für »G.« ist die Quintessenz einer metaphysischen Geschichte, die mir etwas über den letzten Kontext meines Daseins sagt.

Wenn ich zum Beispiel »G.« als das »Ewige Noch Nicht« bezeichne, sind meine Sehnsucht und Hoffnung die Merkmale meiner Teilhabe am rastlosen Grund des Seins-Werdens. Oder wenn »G.« für mich der ist, der sich versteckt, und derjenige, der sucht, dann ist – mit Augustinus gesprochen – »das, womit ich suche, das, wonach ich suche«, und meine leidenschaftliche Suche war das Unternehmen eines Toren: des Mannes, der auf seinem Ochsen reitet, um seinen Ochsen zu suchen. Wonach ich gesucht hatte, das hatte ich nie verloren. Mein Ego, dieser alte Illusionskünstler, hatte mich zur Ansicht verführt, ich sei eine abgetrennte Identität. Die Lachnummer bin ich.

> Gnade besteht darin, wieder Sinn für Humor zu haben.
> Lache und lass dich befreien.
> Ein Schuss Verrücktheit ist unser bestes Gegengift
> gegen Fanatismus.

Die Übung, mit Metaphern zu spielen, hilft uns, die naive Buchstäblichkeit zu vermeiden, mit der man sowohl »G.« als auch die großen Wegweiser der Menschheit zu übernatürlichen Wesen macht. Der Dialog zwischen Christen, Juden, Muslimen und Buddhisten wäre viel lebendiger, wenn wir zum Verständnis von charismatischen Gestalten wie Jesus, Mose, Mohammed und Buddha neue Bilder und Metaphern erschaffen würden.

> *Ein neues Wort ist wie ein frisches Samenkorn, das man in den Boden der Diskussion sät.*
> Ludwig Wittgenstein

6. Kapitel

Riten, Rituale und Sakramente

Ich kann mich nicht mehr genau entsinnen, wann in unserer Familie die »Kerze für besondere Tage« auftauchte. Mir kommt es so vor, als habe der große grüne Leuchter mit der dicken roten Kerze schon immer hinten im Regal gestanden, um jederzeit hervorgeholt und anlässlich eines besonderen Ereignisses in unserer Familie angezündet werden zu können. Den Vorsitz über dieses Ritual hatte mein Vater, aber die Kerze durfte immer derjenige anzünden, der geehrt wurde, sei es anlässlich eines Geburtstags, einer bestandenen Prüfung, einer Heirat oder der Genesung von einer Krankheit. Auch neue Ehepartner und Kinder wurden in der Familie immer mit dem Entzünden unserer heiligen Flamme begrüßt.

Im August 1945 entzündeten wir diese Kerze einmal unter dem Lärm von Sirenen und Feuerwerkskörpern, nämlich an dem Tag, als der Zweite Weltkrieg zu Ende war. Als sich später unsere Familie in alle Richtungen zerstreute, landete die Kerze in einer Schublade und fiel der Vergessenheit anheim. Erst am 4. November 1964 wurde sie anlässlich des Todes meines Vaters wieder hervorgeholt. Und zum letzten Mal versammelten wir uns um ihre Flamme am 7. Dezember 2007, um Mutters Leben zu feiern und ihren Tod zu betrauern. Zu diesem Zeitpunkt war die Kerze bis auf einen winzigen Stummel abgebrannt, aber immer noch groß genug, um für eine ganze Lebenszeit gemeinsamer Erinnerungen stehen zu können.

Wir Menschen sind Lebewesen, die Rituale schaffen. Wir gestalten persönliche und gemeinsame Rituale sowie Übergangsriten, um unsere Zeit zu markieren und uns bewusstzumachen, dass wir unsere Tage ehren sollten. Genau wie wir uns bezüglich »G.«s einer spielerischen und poetischen Sprache bedienen, um etwas zum Ausdruck zu bringen, das sich nicht in Worte fassen lässt, verwenden wir auch nicht-verbale Sakramente, um auf das zu zeigen, was man nicht sehen kann. Die tägliche Messe der Katholiken, das fünfmalige tägliche Beten der Muslime, das Tai chi der chinesischen Gemeinschaft, die Morgen- und Abendmeditation der Zen-Schüler und -Mönche – das alles liefert sichtbare Zeugnisse für die unsichtbaren elementaren Emotionen, welche die Begegnung mit dem Heiligen kennzeichnen.

Es gehört zur Rückkehr des Helden in die Welt des Gewöhnlichen, dass er eine Möglichkeit entdeckt, den anderen seine ihrem Wesen nach nicht mitteilbare persönliche Vision mitzuteilen, wie die Alltagswirklichkeit erscheint, wenn man sie nicht als profan, sondern als heilig wahrnimmt. Die Mittel dafür, auf das hinzuzeigen, was sich nicht zeigen lässt, sind die poetische Sprache, symbolische Gesten, Riten und Sakramente.

In regelmäßigen Abständen lässt sich die Überzeugung vernehmen, dass die Religion mit ihren speziellen Ritualen und Sakramenten bald vergehen und einem erleuchteten Humanismus weichen werde. Wenn wir dieses Szenario richtig einschätzen wollen, sollten wir uns die jüngste Geschichte des Kommunismus vor Augen halten, »des Gottes, der gescheitert ist«. Die Kampagnen zur Ausrottung der Religion in der UdSSR, in China und Kambodscha blieben erfolglos. Wenn sie etwas bewiesen, dann dass die Menschen von Natur aus religiöse Wesen sind und einen spirituellen Horizont brauchen, der weit über den Patriotismus und die Verheißung wirtschaftlichen Glücks hinausreicht. Wer darauf wettet, dass die Religion in naher Zukunft verschwinden wird, sollte sich darauf gefasst machen, diese Wette zu verlieren.

Derzeit erleben wir, dass sehr viele Menschen von der organisierten Religion enttäuscht sind, aber das Interesse für Spiritualität und neue Rituale stark am Zunehmen ist. Wen sein überkommenes Judentum nicht mehr rührt, der versucht es eben mit dem Zen-Buddhismus. Wem dieser zu organisiert und ritualistisch vorkommt, der findet vielleicht in der Transzendentalen Meditation das, was ihn anspricht. Flexible Geister, denen die Missionarsstellung langweilig geworden ist, finden vielseitige Spielarten des Yoga, vom schweißtreibenden Bikram-Yoga bis zum erotischen Tantra, die zudem den Vorteil haben, sich fit zu halten. Für die Kräftigeren gibt es die alten und neuen Kriegskünste: Judo, Tai-Chi, Karate und Aikido, bei denen man lernen kann, gemäß dem Tao zu leben und sich dem Fließen zu überlassen. Oder es gibt afrikanisches Trommeln oder Singen. Man kann Retreat-Zentren, Ashrams und Wellness-Einrichtungen aufsuchen und dort zu Füßen von Gurus, Philosophen oder weisen Männern und Frauen sitzen und sich in alle möglichen spirituellen Traditionen einführen lassen, die einen interessieren. Man kann viel von der Religion der Indianer lernen, sich in Schwitzhütten läutern, eine *Vision Quest* (»Suche nach der eigenen Lebensvision«) unternehmen oder mit Psychedelika experimentieren.

Aber in diesem Sammelsurium fehlt etwas Wesentliches. Die ganze Bewegung in Richtung Spiritualität leidet unter einem übersteigerten Individualismus und trägt wenig dazu bei, unser vorherrschendes Problem der Isolierung, Entfremdung und Einsamkeit der Menschen zu beheben. Zudem ist die Vorstellung einer individuellen Spiritualität ein existenzieller innerer Widerspruch. In jenem Prozess, der zu echter spiritueller Reife führt, bewegt man sich vom Singular zum Plural, vom Ich zum Wir. Anfangs mag die Erkundung der mit der Wahrnehmung des Heiligen verbundenen elementaren Emotionen eine Frage der individuellen persönlichen Erfahrung sein, aber zu deren Feier und Darstellung in Ritus und Ritual bedarf es der Gemeinschaft.

Vor allem im westlichen Kulturkreis leben wir als Menge einsamer Menschen und unterdrücken unser instinktives Bedürfnis, irgendwo dazuzugehören, von anderen gekannt zu werden und Teil einer gastlichen Gemeinschaft zu sein. Sind wir der Gemeinschaft beraubt, so verfallen wir in eine Art von kultureller manischer Depression und schwanken hin und her zwischen hektischem Aktivismus und Konsumieren und depressiven Anfällen. Was bei alledem bleibt, ist die Leere. Ein kräftiges Gegenmittel gegen den pathologischen Individualismus und das Alleinsein, wovon so viele Zeitgenossen geplagt werden, bieten Gemeinschaften von Menschen, die füreinander da sind.

Die Religion hat uns traditionellerweise in guten wie in schlechten Tagen eine notwendige Voraussetzung für ein voll menschliches Leben geliefert: die Gemeinschaft. Progressive religiöse Gemeinschaften müssen heute darüber hinaus unbedingt den Dialog und Austausch fördern. In den letzten Jahrzehnten ist uns bewusst geworden, über was für ein breites Spektrum von Ressourcen die Weltreligionen verfügen, um uns ein viel reicheres spirituelles Leben zu ermöglichen, als es die alten engstirnigen religiösen Gemeinschaften zu bieten vermochten. Mit der Fülle an jetzt möglichen Praktiken – Gesang, Meditation, Kriegskünsten, kontemplativem Gebet, Trance, Schweigen, Heilung, Trommeln, *Vision Quest* und Pilgern, um nur einige davon zu nennen – besteht kein Grund mehr dafür, ausschließlich Christ, Muslim oder Jude zu bleiben. In unserem Zeitalter sind wir eingeladen, unsere eigenen Traditionen und Institutionen nicht mehr ganz so ernst und ausschließlich zu nehmen und auch das riesige Repertoire weiterer spiritueller Praktiken zu erkunden.

Warum brauchen wir Rituale und Sakramente?

Weil wir Menschen sehr vergesslich sind. Heute schnappt uns der Dämon Geschwindigkeit vollends unsere Seelen weg. Wir sind überbeschäftigt, vergeuden unsere Kräfte im Erwerben und Ausgeben, sehen in der Natur kaum noch, was uns eigen ist. Die Ansprüche des heutigen Lebens sind derart vielfältig, dass wir leicht der Zerstreuung zum Opfer fallen, kaum mehr innehalten und nie mehr richtig überlegen, was wirklich wichtig ist.

Rituale und Sakramente sind Hilfsmittel zum Erinnern. Sie machen uns darauf aufmerksam, dass wir unsere anfälligen, dahineilenden Tage achtsam verbringen, für das Geschenk des

Lebens dankbar und mit anderen Lebewesen mitfühlend sein sollten.

Zudem brauchen wir Gemeinschaften: Kirchen, Moscheen, Synagogen und Tempel, deren Vertreter den öffentlichen Riten und Zeremonien vorstehen, die unsere Übergänge von einem Lebensstadium ins andere heiligen. Denken Sie an all die Übergänge zurück, die Sie auf Ihrem Lebensweg (bislang) schon gemacht haben. Wurden diese Übergänge ritualisiert und gefeiert – oder nicht?

Geburt: Welche Rituale begleiteten Ihre Geburt?

Taufe, Konfirmation/Firmung, Beschneidung: Welche Glaubensvorstellungen waren damit dank der Zugehörigkeit Ihrer Eltern zu einer Gemeinschaft verbunden?

Namensgebung: Wer gab Ihnen Ihren Namen? Warum? Welchen Namen hätten Sie sich gewählt? Haben Sie bei der Hochzeit Ihren Namen geändert? Haben Sie in Ihrem Leben derart radikale Wandlungen durchgemacht, dass Sie am liebsten einen neuen Namen angenommen hätten? Wie würden Sie eine Zeremonie zur Umbenennung Ihres Namens gestalten?

Erwachsenwerden: Gab es bei Ihnen für Ihren Übergang vom Kindsein zum Erwachsenwerden irgendeine formelle Zeremonie? Wurden Sie von irgendwelchen Älteren in die Geheimnisse des Mann- oder Frauseins eingeführt?

Eheschließung: Wie wurde Ihre Hochzeit gefeiert? Wurden Sie in einer zivilen oder religiösen Zeremonie getraut? Feiern Sie Ihren Hochzeitstag? Wie?

Geburt von Kindern: War das Gebären ein biologischer Vorgang, den Ihre Mutter durchmachte, oder ein heiliges Ereignis, an dem beide Eltern teilnahmen? Wie wurde es gefeiert? Von Ihrer größeren Familie? Von engen Freunden? Von der Gemeinschaft?

Altwerden: Ab wann wurden Sie alt? Gab es irgendeine Zeremonie, mit der Sie den Eintritt in dieses neue Lebensstadium feierten?

Krank- und Geheiltwerden: Wie verstehen Sie das Kranksein? Als bloße biologisch schlechte Verfassung? Als Mangel von Harmonie zwischen Körper, Geist und Seele? Wer hat Ihnen zur Heilung verholfen? Ärzte? Psychotherapeuten? Seelsorger? Spirituelle Heiler? Welche Zeremonien gab es dabei?

Sterben: Wo würden Sie am liebsten sterben? Wen möchten Sie zum Zeitpunkt Ihres Sterbens bei sich haben? Welche Rituale und Sakramente hätten Sie dabei gern vollzogen? Die Sterbesakramente? Ein Abschiedsfest mit der Familie und Freunden?

Beerdigung: Entwerfen Sie Ihr Beisetzungsritual. Wie sollte Ihr Leben in Erinnerung bleiben und gefeiert werden? Von wem?

Bei jedem dieser Übergänge stehen wir an einer Grenze vom Bekannten zum Unbekannten. Weil wir vorher noch nie an diesem Punkt waren, sind wir oft auf religiöse Institutionen angewiesen, die uns altehrwürdige Protokolle bieten. Das ist gut und richtig, aber es kann auch sein, dass wir unsere eigenen Übergangsriten gestalten möchten.

Denken Sie als Bausteine für die Gestaltung von Übergangsriten und Sakramenten an die uns allen vertrauten gemeinsamen Substanzen: Erde, Luft, Feuer und Wasser.

Brot und Wein: um damit unsere Dankbarkeit für die Güte des Landes zum Ausdruck zu bringen.

Wasser: zur Reinigung; zum Taufen der Kinder und Jugendlichen; zum Herrichten der Toten für ihr Begräbnis.

Samenkörner: um uns das Geheimnis von Leben, Tod und Auferstehung vor Augen zu halten.

Musik: um in die Jahreszeiten und Rhythmen unseres Lebens wieder Zauber und Poesie zu bringen.

Fasten: um nüchterner und sensibler zu werden und die Pforten der Wahrnehmung zu öffnen.

Tanzen: damit uns der Enthusiasmus packt, wir dem Gefängnis des Alltagsbewusstseins entkommen und wir vom göttlichen Geist ergriffen werden. (Arthur Darby Nock, mein Professor für vergleichende Religionswissenschaft in Harvard, sagte gern: »Urreligionen glaubt man nicht, sondern man tanzt sie.«)

Pilgern: in die Ferne wandern, in den lichtvollen Dämmer großer Kathedralen, die nach der Frömmigkeit vergangener Zeiten duften; auf hohe Berge, wo der Wind staunende Ehrfurcht eingibt.

Diese einfachen Elemente
sind wie gesammelte Perlen.
Ziehen Sie sie nach Belieben auf einen Faden,
machen Sie daraus Ihren persönlichen Rosenkranz,
um Erinnerungen wachzuhalten,
Achtsamkeit zu pflegen,
Dankbarkeit zu üben,
unvernünftig zu lieben,
Gemeinschaft zu stiften,
aus Ihrem Leben ein Sakrament zu machen.

Da meine Familie jetzt in alle Winde verstreut lebt, habe ich keine besondere Gedenkkerze mehr, um damit grundlegende Ereignisse zu markieren. Aber jeden Morgen brühe ich den Tee, toaste das Brot und bringe diese Nahrungsmittel ans Bett, wo meine Frau und ich mit einem Dankesgebet den neuen Tag beginnen.

7. Kapitel

Gemeinschaftlicher Einsatz für ein wichtiges Anliegen und den Kampf um Gerechtigkeit

Es ist dir gesagt, Mensch, was gut ist und was der Herr von dir fordert: Nichts als Recht tun und Güte lieben und in Demut wandeln mit deinem Gott.

Micha 6,8

Die heilige Vision gipfelt im Ringen darum, die Wahrheit zu *tun*. Gerechtigkeit wird dort wahr, wo sie konkret und handfest wird; wo die spirituelle Praxis aus dem Bereich des Gefühls in denjenigen des praktischen Handelns übergeht; wo der Held auf seiner Lebensreise über seine private Spiritualität hinauswächst und sich der chaotischen Welt der Politik zuwendet. Das Wesen eines tief religiösen oder spirituellen Lebens besteht nicht im leidenschaftlichen Glauben an irgendein Gottesbild, sondern in der Bereitschaft, mit anderen mitzufühlen und sich aus diesem Gefühl heraus aktiv einzusetzen.

Unser Weg geht jetzt in eine Richtung, die viele derjenigen, die spirituell auf der Suche waren, aber mit Religion nichts zu tun haben wollten, merkwürdig finden werden. Ab jetzt führt uns der Weg nach vorn, nämlich nicht von der Religion weg, sondern direkt in ihren innersten Kern hinein. Das muss alle, die unter den vergiftenden Praktiken eines Großteils der institutionellen Religion gelitten haben, tatsächlich verblüffen. Aber so ist es: Die Einsicht, die zur Entstehung der Religion führte, liefert uns jetzt auch das Gegengift gegen sie.

Der Wurzelsinn des Worts »Religion« steckt im lateinischen Wort *ligare*, das »binden«, »verknüpfen« oder »anschließen« bedeutet. In diesem ursprünglichen Sinn geht es bei der Religion fast um den gegenteiligen Sinn dessen, wozu sie in der heutigen Kultur geworden ist. Der Religion geht es von ihrem Wesen her nicht um Kult, Glaubensbekenntnis oder Zeremonien (Glocke, Buch und Kerze) und auch nicht um Wunder, Mysterium und Autorität. Es geht ihr nicht einmal um einen transzendenten Gott, mit dem uns Propheten, Schriften, Priester und Institutionen bekannt zu machen versuchen, und auch nicht um Glauben. Es geht ihr vielmehr darum, die heiligen Bande wahrzunehmen und zu pflegen, die alle Lebewesen in einer einzigen großen Gemeinschaft zusammenhalten.

Im Anfang ist das Wir. Die entscheidende Einsicht, die aus dem religiösen Impuls erwuchs, ist die Wahrnehmung, dass wir eingebunden sind in den Kosmos und in das politische Gemeinwesen, das wir bewohnen. Das Selbst ist nie allein, sondern immer von einem Netzwerk aus Beziehungen getragen, die binden und nähren, einschränken und weiten. Gemeinschaft ist nicht das Ergebnis eines Sozialvertrags zwischen autonomen Individuen, sondern die Substanz, aus der wir auftauchen. Wir Menschen sind kosmopolitische Wesen, das heißt vom Kosmos und der Polis geprägt und dazugehörig, und das ist eine Körperschaft von Bürgern. Daher lassen sich authentische Religion und Spiritualität nicht von der Politik trennen – aber diese Politik ist etwas ganz anderes als sektiererische, nationalistische und götzendienerische Politik.

Diese Sicht der Verfassung des Menschen, die im ursprünglichen Sinn des Wortes »Religion« steckt, liefert ein notwendiges Korrektiv zu unserer heutigen Betonung der Spiritualität. Während die Religion von modernen Atheologen verunglimpft wurde, ist die Spiritualität unkritisch wahrgenommen worden. Da der Begriff der Spiritualität verschwommen ist und allzu oft Ruhe, Wohlergehen und Erleuchtung verspricht, ohne irgendein echtes Opfer zu verlangen, weckt er wenig Widerstand oder Kritik. Den Vertretern der neuen Spiritualität lag sehr daran, sich von der Religion des Sonntagsgottesdienstbesuchs und der konfessionellen Gottesdienstfeiern zu unterscheiden. Ihre Spiritualität ist enthusiastisch, warm und experimentierfreudig und soll zu einer neuen Erfahrung des Heiligen führen. Aber leider ist sie bislang weithin irrelevant für die großen sozialen, politischen und wirtschaftlichen Probleme, vor denen wir stehen. Ihre Vertreter organisieren keine Armenspeisungen, Bürgerrechtsproteste oder Demonstrationen gegen Kriegspolitik.

Ich habe drei Jahrzehnte lang an Instituten und Retreat-Zentren, die von heutigen Pilgern auf der Suche nach Spiritualität besucht wurden, Vorträge und Seminare gehalten. Das Bemühen dieser Menschen, die Tiefen ihrer Psyche zu ergründen, und ihr Herumexperimentieren mit nicht-westlichen Formen spiritueller Praktiken habe ich weithin begrüßt. Aber in letzter Zeit hat mich das alles zunehmend enttäuscht. Mich macht die schlichte Beobachtung nachdenklich, dass bei all diesem ganzheitlichen Leben, Heilen, Meditieren, Achtsamsein, Offenherzigsein, Bemühen um Gotteserkenntnis und aufmerksamen Umgehen mit dem Körper kaum oder überhaupt nicht das Thema »Gerechtigkeit« vorkommt. So wundert es nicht, dass diese neue Spiritualität keine Befreiungsbewegung hervorgebracht hat, keinen Bonhoeffer, Niebuhr oder Gandhi, keine Dorothy Day und keinen Martin Luther King Jr., die ihre Stimme erheben, beten, organisieren und auf die Privilegierten und Mächtigen Druck ausüben.

Wenn man sich intensiv um Spiritualität bemüht, aber sich nicht energisch für Gerechtigkeit einsetzt, ist das der gleiche Widerspruch, wie es ein mitfühlender Egoismus wäre. Die Einsicht, dass alle Geschöpfe eine einzige große Gemeinschaft sind, führt notwendigerweise dazu, sich tatkräftig um Gerechtigkeit zu bemühen, auf die Harmonie des Ganzen aus zu sein und anzuerkennen, dass das Gemeinwohl höher steht als das Eigeninteresse irgendeines Individuums, einer Rasse, Religion oder Klasse. Wir gehören im Guten wie im Schlechten eng zusammen und sind eine Gemeinschaft auf dem Weg zu größerer Gerechtigkeit.

Seit den Zeiten von Amos und den hebräischen Propheten sowie von Sokrates und den griechischen Philosophen haben unsere Experimente mit der demokratischen Regierungsform auf dem Gedanken der Gerechtigkeit beruht. Das große Epos, das die westliche Kultur auszeichnet, ist genauso sehr die Geschichte der Entwicklung einer gemeinsamen Suche nach Gerechtigkeit wie die Geschichte der Suche eines einzelnen Helden nach der Erfüllung seines Lebens. Staatswesen haben im Lauf vieler Generationen – wenn auch widerstrebend und stolpernd, so doch stetig – dem Druck seitens der Habenichtse nachgegeben und sich in Richtung größerer Gerechtigkeit für alle bewegt. Schritt für Schritt wurden die seit der Zeit der Griechen unmündig gehaltenen Menschen – Sklaven, Frauen, Kinder, religiöse, ethnische und sexuelle Minderheiten – aufgewertet und mit einbezogen.

Diese uralte, sich entwickelnde, jedoch immer noch nicht ganz wahr gewordene Vision der Gerechtigkeit für alle liefert das Organisationsprogramm und den Auftrag für das 21. Jahrhundert, und auf dieses Ziel hin können Religion und Politik auf produktive Weise Hand in Hand arbeiten. Da uns zur Einigung der Menschheit eine allgemein akzeptierte Offenbarungsreligion oder eine Weltregierung fehlen, finden wir das, wonach wir in Richtung Himmel Ausschau gehalten haben, vielleicht unter unseren Füßen, dem bereits erwähnten Humus, der die Grundlage jeglicher menschlichen Gemeinschaft ist: in der Suche nach Gerechtigkeit. Der einzige gemeinsame Kreuzzug, der bis Ende dieses Jahrhunderts zu einer relativ friedlichen Welt führen könnte, bestünde im heroischen Bemühen, ökologische, politische und wirtschaftliche Gerechtigkeit wahr werden zu lassen.

Gerechtigkeit durchsetzen

Sobald wir genauer darüber nachdenken, wie sich Gerechtigkeit durchsetzen lässt, verstricken wir uns in ein kompliziertes Geflecht von Fragen über das Verhältnis von Politik und Religion. Am besten unterscheiden wir zunächst die verschiedenen Verantwortlichkeiten, die den einzelnen Gemeinschaften zukommen.

Dafür, dass Gerechtigkeit durchgesetzt wird, ist in erster Linie die Nation oder der Staat verantwortlich. Der jedem zivilen Gemeinwesen zugrunde liegende Sozialvertrag verlangt, dass jedem Bürger und jeder Bürgerin das ihnen zustehende Maß an Gerechtigkeit zuteil wird. In der Praxis bestimmen gewöhnlich die herrschenden Eliten auf recht vorurteilsvolle Weise, was den verschiedenen Sparten der Bevölkerung zusteht. Sogar Amerika, das Freiheit und Gerechtigkeit für alle predigt, praktiziert weiterhin die Ungleichheit für Minderheiten, Frauen und die Armen. Und in der heutigen islamischen Gesellschaft hat die Frau nur halb soviel legalen Status wie der Mann. Aber trotz dieses immerwährenden Versagens, allen Bürgern Gerechtigkeit widerfahren zu lassen, bleibt das die oberste Aufgabe der Regierungen.

Die Gruppierungen, die sich dafür aktiv einsetzen – sowohl religiöse Institutionen als auch die zahlreichen »säkularen« Nichtregierungsorganisationen wie *Amnesty International*, *Ärzte ohne Grenzen* oder *Save the Children*, die von einer Vision der Heiligkeit alles Lebens erfüllt sind –, nehmen eine ganz besondere Verantwortung wahr:

1. Sie fordern, dass alle Lebewesen mit Achtung und Ehrfurcht behandelt werden. Ihr Impuls, sich für die Gerechtigkeit einzusetzen, ergibt sich aus dem Anerkennen der Heiligkeit des Lebens und der Einsicht, dass Ungerechtigkeit eine Form des Sakrilegs ist.
2. Sie ergreifen die Initiative, indem sie die Prinzipien der Gerechtigkeit laut und deutlich hochhalten. Was ist genau das Minimum an Gerechtigkeit, auf das jeder Bürger Anspruch hat?
3. Sie organisieren Proteste gegen Personen und Einrichtungen, die für Ungerechtigkeiten verantwortlich sind, und sie fordern, dass die Regierungen ihren Auftrag erfüllen, allen Bürgern Gerechtigkeit zuteil werden zu lassen. Wie die Geschichte zeigt, versagen bei der Erfüllung dieser Aufgabe souveräne Staaten und Nationen ständig. Immer wieder ist

die Macht stärker als die Gerechtigkeit; Vertreter von Sonderinteressen treten das Gemeinwohl mit Füßen; Habgier verdrängt die Fairness; Gleichgültigkeit überrollt das Mitgefühl. Um diese Übergriffe zu stoppen, unterbreiten Organisationen entsprechend besorgter Menschen den Regierungen nicht verhandelbare Forderungen: »Du sollst nicht« … Gefangene foltern, Arme unterdrücken, Völkermord begehen, Massenvernichtungswaffen einsetzen, Landstriche veröden, das Nest der Feldlerche oder die Höhle des Löwen vernichten, Flüsse oder das Meer verschmutzen, den Wind verpesten, die Körper von Frauen, Kindern und Männern prostituieren oder unter Missachtung jeglichen Mitleids Reichtum horten. Wenn diese Forderungen nicht erfüllt werden, werden diese Organisationen zum erzürnten Gewissen des Gemeinwesens, zur Stimme des kosmopolitischen Bürgers.

4. Von einem tiefen Gespür der Ehrfurcht beseelte Gruppierungen gehen über die bloßen Erfordernisse der Gerechtigkeit hinaus und wollen sich an das halten, was die Liebe von uns verlangt. Das Gesetz verlangt nicht, dass wir unsere Nächsten lieben, sondern nur, dass wir ihnen das ihnen Zustehende gewähren. Diese Gemeinschaften halten sich an einen höheren Standard und bemühen sich um Wege und Mittel, um Besitzlosen, Ohnmächtigen und Armen tätige Nächstenliebe zu erweisen.

Prinzipien der Gerechtigkeit

Gruppierungen von Menschen mit einem bestimmten Anliegen stehen zunächst einmal vor der Aufgabe, die Prinzipien zu formulieren, die der ökologischen, politischen und wirtschaftlichen Gerechtigkeit zugrunde liegen, und uns ein Ideal vor Augen zu führen, das auch uns ansprechen könnte. Wie müssen unser privater Lebensstil und unsere Politik aussehen, wenn wir vom Glauben ausgehen, dass alle Lebewesen mit Respekt behandelt werden müssen? An welche heiligen Pflichten müssen wir uns unbedingt halten, wenn wir in einer globalisierten Welt überleben und gedeihen wollen?

Wo sollen wir bei unserem Nachdenken über die Gerechtigkeit ansetzen? Bei der politischen Ordnung? Bei der Wirtschaftsordnung? Bei der ökologischen Ordnung?

Unsere heutige Krise ist zum Großteil das Ergebnis einer modernen Ideologie, die die ökonomischen Rechte an die vorderste Stelle setzte, den politischen Rechten den zweiten und den ökologischen den dritten Rang zuwies. Die reichen, »demokratischen« Länder waren willens, Diktatoren in der Dritten Welt zu dulden, welche die zivilen Rechte ihrer Bürger nicht achteten und ökologische Verheerungen anrichteten, solange sie der Wirtschaft keine Grenzen setzten. Wir müssen aber unsere Prioritäten umkehren. Unser oberstes Anliegen muss die ökologische Gerechtigkeit sein, denn der Erhalt der Umwelt ist für das Überleben der Menschengemeinschaft absolut notwendig. Wenn wir unsere Umwelt zerstören, wird es aussichtslos, den Besitzlosen und Armen Gerechtigkeit zu verschaffen.

Ökologische Gerechtigkeit

Von allen Formen der Gerechtigkeit ist die ökologische Gerechtigkeit am ehesten begrifflich zu fassen. In unserer unter Übervölkerung leidenden Welt ist sie aber am schwierigsten vorzustellen, da unsere Wirtschaft vom Eigeninteresse multinationaler Konzerne beherrscht wird. Unsere Suche nach Gerechtigkeit muss bei den nicht-menschlichen Mitgliedern unseres Gemeinwesens ansetzen. Sie sind absolut machtlos, während die in Armut lebenden Menschen nur relativ machtlos sind. Die am meisten unter der ökologischen Ungerechtigkeit Leidenden – die Myriaden von nicht-menschlichen Arten und Ungeborenen – haben am wenigsten Fürsprecher und politische Macht, um ihre Rechte schützen zu können.

Die Prinzipien, die die Grundlage der Praxis *ökologischer* Gerechtigkeit liefern, sind:

1. Jeder lebende Mensch hat das Recht, den für den Erhalt seines Lebens notwendigen Anteil an unserer natürlichen Ausstattung mit Land, Wasser und Luft zu bekommen. Du sollst deinem Nächsten diesen Anteil nicht stehlen.
2. Die noch nicht geborenen Menschen haben das gleiche Recht auf den entsprechenden Anteil an natürlicher Ausstattung wie die jetzt Lebenden. Du sollst künftigen Generationen nichts stehlen, indem du begrenzte Ressourcen vergeudest.
3. Nicht-menschliche Lebewesen haben ebenfalls das Recht auf die für den Erhalt ihres Lebens notwendige Umwelt. Du sollst keinem anderen empfindenden Lebewesen im globalen Gemeinwesen seinen Anteil stehlen. (Was bedeutet das für die Jagd, den Erhalt der Wildnis, die Ausrottung von Arten?)
4. Weder Menschen noch Nationen oder Arten haben das Recht, die Kapazität der Erde zu überlasten. Es ist eindeutig klar, dass wir es lernen müssen, innerhalb der Grenzen unserer Ressourcen zu leben, denn sonst wird die gesamte Gemeinschaft der Lebewesen leiden. Du sollst anderen nicht die Zukunft stehlen. (Das bringt eine alte Karikatur von Gary Larsen auf den Punkt. Sie zeigt zwei Hirsche im Wald, und der eine sagt zum andern: »Warum können diese Menschen nicht ihre eigene verflixte Herde ausdünnen?« *Das ökologische Problem ist das Übervölkerungsproblem.*) Eine Zahl: Wissenschaftler schätzen, dass die Tragkraft der Erde unserer derzeitigen Bevölkerung eine ökologische Grundfläche von 1,7 Hektar pro Mensch gestatten würde, wobei 0,3 Hektar für nicht-menschliche Spezies abgezogen sind. Gegenwärtig beträgt die durchschnittliche ökologische Grundfläche 2,8 Hektar, was 40 Prozent größer ist als der verfügbare notwendige Platz zur Produktion von Nahrungsmitteln, Treibstoffen und Waldprodukten auf nachhaltiger Basis. In den USA beträgt die ökologische Grundfläche pro Kopf 10,3 Hektar.

Politische Gerechtigkeit

Im derzeitigen Stadium der Weltgeschichte dürfte die *Bill of Rights* der USA die realistischste Liste der für das Leben in einer politischen Gemeinschaft notwendigen Rechte liefern. Sie nennt sozusagen einen Minimalstandard, anhand dessen sich der Fort- oder Rückschritt von Nationen bemessen lässt. (Die Menschenrechtserklärung der Vereinten Nationen ist eher eine Wunschliste als ein realistischer politischer Standard, denn sie enthält zum Beispiel die Aussage, jeder Mensch habe das Recht auf eine Arbeitsstelle und bezahlten Urlaub.)

Die Prinzipien, die die Grundlage für die Praxis globaler politischer Gerechtigkeit liefern, sind folgende:

1. Mitglied einer Gemeinschaft zu sein heißt, gleichen Anteil an allen gemeinsamen Rechten, Privilegien, Verantwortlichkeiten und Ressourcen zu haben.
2. In einer globalen Weltordnung wirkt sich ein Ereignis in einem Land auf alle anderen Länder aus. Daher ist für ein gesundes Gemeinwesen eine Liste von Rechten für alle Bürger eine hygienische Erfordernis. Man kann nicht in Simbabwe, Darfur oder Tibet massive Bürgerrechtsverletzungen zulassen, ohne dass sich das auch auf Südafrika, die USA oder Deutschland auswirken würde.
3. Zur Aufrechterhaltung von Bürgerrechten braucht man Institutionen, die darüber wachen. Je weiter sich eine globale Gemeinschaft herausbildet, desto notwendiger wird es, dass die Nationen ein gutes Stück ihrer Souveränität an transnationale Leitungsorganisationen abgeben. Zum Erhalt des Friedens müssen effiziente Streitkräfte geschaffen werden, und alle müssen die Autorität des Internationalen Gerichtshofs anerkennen, damit dieser Strafen über diejenigen verhängen kann, die gegen irgendein Mitglied der Völkergemeinschaft ein Verbrechen begehen.
4. In einem globalen Gemeinwesen muss die Regel universaler Rechtsprechung gelten. Alle Nationen tragen die Verantwor-

tung, Völkermord und Verbrechen gegen die Menschlichkeit zu verfolgen, ganz gleich, wo sie begangen werden, und die Schuldigen zu bestrafen.

Ein Faktum: Im Jahr 2002 wurde der Traum wahr, dass es zur Einrichtung eines ständigen Internationalen Gerichtshofs kam, der sich mit Fällen des Völkermords und des Verbrechens gegen die Menschlichkeit befasst. Über achtzig Nationen ratifizierten ihn. Zum Unglück für die Sache der internationalen Gerechtigkeit schwimmen die USA gegen den Strom und vereiteln die Bemühungen anderer Länder, die internationale Rechtsordnung zu stärken, indem sie sich weigern, sich dem Internationalen Gerichtshof in Den Haag oder dem Internationalen Strafgerichtshof zu unterwerfen. Sie verletzen zudem den Vertrag zum umfassenden Atomwaffenteststopp und unterzeichneten nicht das Protokoll von Kyoto zum Klimawandel.

Wirtschaftliche Gerechtigkeit

Da im 20. Jahrhundert die Wirtschaft weltweit die Werte und Weltsicht beherrschte, muss sie im 21. Jahrhundert an letzter Stelle stehen. Die traditionellen Theorien über die gerechte Verteilung des Reichtums haben sich nur innerhalb nationaler Grenzen als richtig erwiesen. Aber wir leben in einer zunehmend globalisierten Welt, für die uns jede Theorie fehlt, die uns die katastrophale Kluft zwischen der Minderheit reicher Nationen und der Mehrheit der armen Nationen überwinden helfen könnte.

Wie *sollten* die für eine globale Wirtschaft geschaffenen Güter und Dienstleistungen verteilt werden? Schulden die Reichen den zwei Milliarden Männern, Frauen und Kindern, die mit weniger als zwei Dollar pro Tag auskommen müssen, etwas? Was sind wir implizit jedem Menschen schuldig, der, um überleben zu können, sein Leben im Dorf aufgeben und sich in Städten wie Kalkutta oder São Paulo eine Arbeit suchen muss?

Das demokratische Prinzip »ohne parlamentarische Vertretung keine Besteuerung« lässt sich ausweiten auf »ohne parlamentarische Vertretung keine Globalisierung«. Jeder, der sich ins globale Wirtschaftssystem hineingezwungen sieht, hat das Recht, auch an dessen Entscheidungen mitbeteiligt zu werden. Und im Weltreich der Wirtschaft bedeutet parlamentarische Vertretung auch, dass man über Geld zum Ausgeben verfügen muss.

Das Prinzip, dass ein universales Recht auf einen vernünftigen Geldbetrag allen Bürgern des globalen Wirtschaftssystems zustehe, führt zu Fragen, angesichts derer sich der durchschnittliche Manager verlegen windet. Was schulden globale Konzerne globalen Bürgern? Welcher Prozentsatz des Gewinns irgendeines privaten Konzerns steht von Rechts wegen der Öffentlichkeit zu? Was ist für einen Konzern ein angemessener Profit? Ab wann wird der Profit ungerecht? Ab wann sollten Gewinnausschüttungen an Manager und Aktionäre gedeckelt und der Überschuss den Bedürftigsten der globalen Wirtschaftsgemeinschaft zugeführt werden?

Die Prinzipien, die die Grundlage für die Praxis globaler wirtschaftlicher Gerechtigkeit liefern, sind folgende:

1. Wir leben in einer einzigen globalen Gemeinschaft, die vom Zusammenspiel der Lieferanten von Rohmaterial, Produzenten und Verbrauchern abhängt. Dieses Netzwerk sozialer gegenseitiger Abhängigkeit bringt wechselseitige Verbindlichkeiten und Pflichten mit sich.
2. Die Gemeinschaft besitzt die Wirtschaft, nicht umgekehrt. Wir alle haben Anspruch auf einen Anteil am Gemeinwohl.
3. Die Notwendigkeit wirtschaftlicher Gerechtigkeit beruht auf der Einsicht, dass die Armut der Teile keinen Reichtum für das Ganze hervorbringen kann. Abraham Lincoln hatte gewarnt: »Eine Nation kann nicht lange halb aus Sklaven und halb aus Freien bestehen.« Genauso kann auch eine zwischen Reichen und Armen geteilte Welt nicht lange den globalen Bürgerkrieg vermeiden. Die Elenden der Erde werden nicht ewig friedlich bleiben.

4. Die Gerechtigkeit verlangt, dass dem ärmsten Verbraucher soviel Anteil am Reichtum zusteht, wie zum Überleben notwendig ist, und er das Recht hat, am Prozess, der den Reichtum hervorbringt, teilzuhaben.

Nicht alle Menschen sind bezüglich Talent, Ehrgeiz oder Zugang zu Bildung und wirtschaftlichen Möglichkeiten gleichgestellt. Von daher ist ein vernünftiges Maß von wirtschaftlicher Ungleichheit nicht unbedingt ein Zeichen der Ungerechtigkeit. Aber wenn inzwischen die 225 reichsten Menschen der Welt zusammen über einen Reichtum von 1 Billion Dollar verfügen (was dem gesamten Jahreseinkommen der 2,5 Milliarden Ärmsten der Welt entspricht), kann diese schreiende Ungerechtigkeit nur jemand übersehen, der über keinerlei Gefühl, Empathie und Mitleid verfügt.

Es muss etwas geschehen. Aber was? Und durch wen? Schon der Begriff der wirtschaftlichen Gerechtigkeit wirkt wie ein Widerspruch in sich. Jemand bemerkte schon sarkastisch, die heutige Wirtschaft beruhe auf einer neuen Goldenen Regel: »Wer das Gold hat, macht die Regeln.« Das eherne Gesetz der Konzerne, für die Aktionäre ein Maximum an Gewinn herauszuholen, liegt im Konflikt mit dem Gesetz der Gerechtigkeit für alle, das vom grundlegenderen Prinzip der Ehrfurcht vor dem Leben abgeleitet ist.

Wollen wir größere Gerechtigkeit für alle gewährleisten, so müssen wir den Schwerpunkt der Wirtschaft verlagern. Wir dürfen nicht mehr versessen auf das Bruttosozialprodukt starren, sondern müssen das »Bruttosozialglück« in den Mittelpunkt stellen, wie man das in Bhutan tut. Die Wirtschaftspolitik sollte lokale Lösungen in kleinerem Maßstab fördern, bei denen insbesondere auf die Rechte der Frauen und Landgemeinden geachtet wird. Die Gewährung von Mikrokrediten, wie sie in Bangladesch die Grameen-Bank einführte, rief eine Generation von Kleinunternehmern ins Leben und förderte die Gleichberechtigung der Geschlechter. Um den Zustrom der Armen vom Land in die noch ärmeren Städte zu stoppen, müssten die meisten Drittweltländer damit aufhören, so wie bisher die exportorientierte Landwirtschaft zu fördern, und stattdessen die Entwicklung einer nachhaltigen Landwirtschaft vorantreiben, um die Bevölkerung vor Ort ernähren zu können. Zur größeren Gerechtigkeit gehört es, die lokalen Industrien und den Erhalt des Dorflebens zu schützen, wodurch der Zu- und Abfluss von Kapital von der Gemeinschaft kontrolliert werden könnte.

Wir müssen unser Wirtschaftssystem neu konzipieren und organisieren, um die Bedingungen dafür zu schaffen, dass global alle Bürger menschenwürdig leben können. Die alte Wirtschaftsform der Verknappung, Konkurrenz und Akkumulierung von Reichtum durch die Elite war bestenfalls imstande, den Massen minimale Rechte zu gewährleisten. Eine neue Wirtschaftsordnung könnte reich genug machen, um allen Menschen die erweiterte Liste von Menschenrechten zu gewährleisten, wie sie von den Verfassern der Menschenrechtsdeklaration der Vereinten Nationen entworfen wurde.

Einige Fakten, die das Entwicklungsprogramm der UN nennt: Die reichsten 20 Prozent der Menschheit tätigen 86 Prozent der Verbrauchereinkäufe, verbrauchen 58 Prozent der Energie, verursachen 53 Prozent des Kohlenwasserstoffausstoßes, verwenden zwei Drittel der Transportkapazität der Erde, tragen mit 82 Prozent zur Expansion des Exporthandels bei und machen 68 Prozent der Direktinvestitionen. Die ärmsten 20 Prozent tätigen drei Prozent der Verbrauchereinkäufe, verbrauchen vier Prozent der Energie, verursachen drei Prozent des Kohlenwasserstoffausstoßes und tragen mit einem Prozent zur Expansion des Exporthandels und zu Direktinvestitionen bei. 1,2 Milliarden Menschen müssen mit einem Dollar oder weniger pro Tag auskommen und haben keinen Zugang zu sauberem Trinkwasser, 3 Milliarden haben weniger als zwei Dollar täglich zur Verfügung. Mit 9 Milliarden Dollar könnte man Wasser und gesunde Abwassereinrichtungen für alle besorgen, mit 12 Milliarden Dollar alle gebärenden Frauen gesundheitlich betreuen, mit 13 Milliarden die medizinische Grundversorgung und die Grundernährung jedes Menschen auf der Erde gewährleisten, mit 6 Milliarden die Grundschulausbildung jedes Kindes.

Anwälte der Gerechtigkeit

Wer soll die Gerechtigkeit durchsetzen, wenn die Regierungen so häufig diese ihre Verantwortung nicht ausreichend wahrnehmen?

Im Judentum und im Islam findet sich die alte Überlieferung, dass Gott zuweilen versucht sei, die Welt angesichts ihrer Bosheit und Ungerechtigkeit zu vernichten. Aber eine Generation um die andere bleibe davor verschont, weil es sechsunddreißig Gerechte gebe, die voller Güte und Mitgefühl in aller Stille tätig seien. Diese sechsunddreißig kenne jedoch niemand, und höchstwahrscheinlich wüssten auch sie selbst nicht, dass sie es seien.

In unserer Generation kam es zu einem explosionsartigen Anschwellen von Anwälten der Gerechtigkeit – sie vermehrten sich sozusagen 36 x 36 x 36 x 36 Mal. Weltweit haben sich Millionen von Menschen Organisationen angeschlossen, die mehr Gerechtigkeit fordern und sich aktiv dafür einsetzen. Nichtregierungsorganisationen haben sich mit den traditionellen religiösen Institutionen zusammengetan, um sich der enteigneten und unterdrückten Armen anzunehmen. Und ungezählte Millionen von Privatbürgern und Hilfseinrichtungen, die allein oder gemeinsam mit anderen tätig sind, kümmern sich aktiv um mehr Gerechtigkeit und bemühen sich um das Wohl anderer.

Hier sei nur spontan aufs Geratewohl und unvollständig eine Liste von Hilfsorganisationen aufgezählt. Führen Sie sich bei diesen Namen vor Augen, was Sie bereits von deren Einsätzen und Aktionen wissen. Das gibt Ihnen eine gute Vorstellung von der Fülle von Arten, auf die zahlreiche an der Basis entstandene Initiativen und Organisationen versuchen, mehr Gerechtigkeit in die Welt zu bringen:

Human Rights Watch
Amnesty International
Ärzte ohne Grenzen
Cap Anamur
Unesco
Care
Oxfam
World Vision
Rotes Kreuz
Greenpeace
und viele andere

Diese Liste zeigt, dass die derzeitigen und künftigen Anwälte der Gerechtigkeit von einem Mix aus säkularen, religiösen und spirituellen Motiven angetrieben werden. Bei diesen neuen Gruppierungen, deren Mitglieder sich irgendeiner gemeinsamen Aktion verschrieben haben, gelten die alten Aufspaltungen in religiös und säkular nicht mehr. Da sieht man christliche Fundamentalisten mit Umweltschützern an einem Strang ziehen, um ökologische Verheerungen zu verhindern, sieht Kirchen sich mit Nichtregierungsorganisationen und Regierungsbehörden zusammentun, um die AIDS-Epidemie zu bekämpfen und Millionen von obdachlosen Menschen mit Nahrung zu versorgen. Vertreter von Menschenrechtsorganisationen beaufsichtigen Wahlen in Ländern, die erst gerade von tyrannischen und korrupten Regierungen freigekommen sind.

Das Entstehen dieser neuen Gruppierungen ist ein Zeichen der Hoffnung, das sich ganz konkret im humanitären Einsatz äußert. Auf Gerechtigkeit bedachte Männer und Frauen machen die Zivilisation wieder ein Stück weit ziviler und halten den Dialog zwischen Liebe, Macht und Gerechtigkeit aufrecht.

Gewaltanwendung: Heilige Vision und tragische Aktion

> *Lasst es mich sagen, auch wenn es lächerlich klingen mag: Der echte Revolutionär ist von starken Gefühlen der Liebe beseelt.*
>
> Che Guevara

Bevor wir das Thema »Bemühen um Gerechtigkeit« abschließen, bleibt noch ein schwieriges moralisches Dilemma zu behandeln: die Frage, ob man zum Durchsetzen von Gerechtigkeit Gewalt anwenden darf. Das vielleicht größte Versagen der organisierten Religion war ihre Neigung, die Gewaltanwendung durch den Staat abzusegnen. Man pflegte eine Ideologie von Gott und Vaterland, heiligem Krieg, Dschihad und Kreuzzug und versetzte damit den jeweiligen Feind in die Rolle des Gottesfeindes, Ungläubigen oder Mitglieds der Achse des Bösen. Indem man ihm so sein Menschsein absprach, brauchte man ihn nicht mehr als unantastbares Wesen anzusehen und konnte ihn ohne Schuldgefühl und Reue töten.

Das Thema »Gewaltanwendung und das Heilige« ist komplex und moralisch zwiespältig. Wenn man an den Völkermord in Bosnien, Ruanda und Darfur denkt, kommt einem unwillkürlich der Gedanke, es wäre eher im Sinn der Gerechtigkeit gewesen, wenn die UN-Soldaten gewaltsam das Gemetzel unterbunden hätten. Und angesichts der systematischen Gewalttätigkeit und Unterdrückung der Bürgerrechte durch repressive Regimes wie unter Hitler in Deutschland, unter Stalin in Russland und zur Zeit der Apartheid-Regierung in Südafrika kann man leicht das Argument ins Feld führen, dass hier die Umstände das militärische Eingreifen gerechtfertigt hätten, selbst wenn man dabei Todesopfer hätte in Kauf nehmen müssen. Schon Marx hat gesagt, dass die Mächtigen und Privilegierten ihre Stellung nie freiwillig aufgeben.

Es besteht die große Versuchung, die strategische Gewaltanwendung zu rechtfertigen, wenn es darum geht, anders nicht zu beseitigende Unrechtsregimes zu stürzen. Aber genau in solchen Situationen müssen Menschenrechtsgruppen deutlich erklären, dass Gewaltanwendung nie als etwas Heiliges betrachtet werden kann, sogar nicht im Fall, dass sie notwendig sein sollte. Alle Lebewesen – einschließlich unserer derzeitigen Feinde – haben ein Recht darauf, mit Respekt behandelt zu werden. Das Gebot »Liebt eure Feinde« verlangt nicht das passive Hinnehmen unerträglicher Ungerechtigkeit oder den totalen Verzicht auf jegliche Gewaltanwendung, sondern es verbietet, dem Feind systematisch sein Menschsein abzusprechen und damit seine Tötung zum moralisch neutralen Akt zu machen. Wenn die Gewaltanwendung im Dienst der Gerechtigkeit unvermeidlich ist, wird sie zur tragischen Notwendigkeit. Es mag gerechte Kriege geben. Heilige Kriege dagegen sind ein Unding. Gemeinschaften, die noch einigermaßen ein Gespür für die Heiligkeit des Lebens haben, sollten das Bewusstsein lebendig halten, dass ein Krieg immer das letzte Mittel ist, und zwar ein tragisches. Selbst wenn man aus reiner Selbstverteidigung oder zur Verhütung der Ermordung Unschuldiger tötet, zieht man sich grundsätzlich eine Blutschuld zu. In der heutigen Zeit haben wir uns verschworen, diese Schuld zu leugnen oder zu verdrängen. Aber der Feind, den wir töten, bleibt ein kostbares Menschenwesen mit seinen Fehlern, selbst wenn er noch so Schlimmes vollbracht haben mag. Nur wenn wir uns deutlich die Heiligkeit aller Lebewesen bewusst machen, dämmen wir die tragische Gewaltanwendung auf ein möglichst geringes Maß ein.

Ich vermute, die heutige ungewöhnlich hohe Zahl von Fällen posttraumatischer Stress-Syndrome bei Soldaten, die aus dem Krieg heimkehren, ist weithin dadurch verursacht, dass die Betreffenden einen moralischen Zwiespalt verdrängt haben. Das moderne Militär impft seine Soldaten mit der profanen Ideologie, dass Töten Pflicht sei und man deswegen keine Schuldgefühle zu haben brauche. Damit bereitet es sie nicht auf die Erfahrung der tragischen moralischen Belastung vor, die das Töten mit sich bringt. Wenn unsere modernen Krieger vom Schlachtfeld heimkehren, finden sie keine Rituale vor, welche die Schuld lindern, die sie empfinden.

Gemeinschaften, die noch Sakramente kennen, halten die Auffassung lebendig, dass das Leben heilig ist und gewalttätige Handlungen moralisch zwiespältig bleiben. Sie verweisen über die Schuld hinaus auf die Möglichkeit, geheilt zu werden. Statt der Unschuld, die profane Kulturen ihren innerlich verwundeten Kriegern vorgaukeln, bieten Kirchen und andere religiöse Gemeinschaften starke Rituale dafür an, seine Schuld zu bekennen und zu bereuen. Auf diese Weise können ihre Mitglieder Vergebung und Neuwerden erfahren.

Ex nihilo, aus dem fruchtbaren Nichts und der schmerzlichen Leere, wo das *Es sollte* realer ist als das *Es ist*, steigt das schweigende Zeugnis für eine ideale Ordnung auf, die uns in die Pflicht nimmt.

Hier meldet sich nicht dieses alte Freudsche Gewissen, das Über-Ich, diese Wächterinstanz der verinnerlichten Augen unserer Eltern, Gleichaltrigen und Patriarchen, die ihren Scheinwerferstrahl auf uns richtet und uns derart viele Regelverstöße vorhält, dass wir sie gar nicht mehr alle zählen können. Hier meldet sich auch nicht das paranoide Gewissen der Stammespsyche oder die Fanfare des Patriotismus, die uns zu den Waffen ruft, damit wir »uns« gegen »sie« verteidigen, »sie«, die untermenschlich bösen Feinde, gegen die wir im Namen Gottes und des Vaterlands einen heiligen Krieg führen müssten.

Was sich da meldet, ist kompromisslos. Es ist die Verneinung aller Flaggen. Es steigt irgendwo zwischen den üblichen Gesetzen von Gut und Böse auf und verlangt etwas, das nach pragmatischen Maßstäben nicht praktikabel ist. Man könnte es mit Paul Tillich »das transmoralische Gewissen« nennen oder das »ontologische Gewissen«. Es ist ein Echo der noch nicht erreichten Fülle des Seins, das in unseren Tiefen schallt und uns dazu drängt, durch und durch Mensch zu werden.

Es ist das Rauschen des reinen Geistes, der sich an den Ufern der Zeit bricht.

Epilog:

Die Wiederverzauberung des Alltagslebens

Geist:
Der unsichtbare Scheinwerfer,
der vergessene Pfade aufzeigt
in eine Heimat, die uns
in der Erinnerung wieder dämmert.
Sandor McNab

Wir waren bis hierher sehr lange unterwegs; verließen unter Schmerzen Heimstätten und Länder, in denen es uns gut ging, durchquerten Wüsten und Oasen, in denen uns dämmerte, dass unsere Seele sich nur an einer heiligen Stätte entfalten kann. Am Ende kehren wir zu den entzauberten Wohnorten zurück, von denen wir ursprünglich fortgeflohen waren, weil es für uns keinen anderen Ort gibt. Diese Erde hier ist wohl oder übel unsere eine und einzige Erde. Uns bleibt die Aufgabe, zu entdecken, wie wir auf ihr ruhen und zugleich unterwegs bleiben können, als gewöhnliche Menschen auf einer endlosen Heldenreise durch eine bruchstückhafte und dennoch verzauberte Welt.

Das Schicksal unserer Zeit ist charakterisiert durch die Rationalisierung und Intellektualisierung und vor allem die Entzauberung der Welt.
Max Weber

Wenn es irgendein Geheimnis in dem Leben gibt, das ich lebe, dann dies: Der Klang von etwas, das man nicht sehen kann, singt in allem, was man sehen kann.
<noreply@storypeople.com>

Vor langer Zeit, als es noch keine Einkaufszentren, keine Computertomographie und keine elektronischen Netzwerke gab, die uns zu einem entkörperlichten globalen Dorf vernetzten, wohnte die Menschheit in der wunderbaren Gemeinschaft einer Myriade von Wesen in einem gastlichen Kosmos. Man stellte sich vor, in jedem Loch der langen Kette von Wesen, die sich von den höchsten Himmeln bis hinab in die unergründlichen Tiefen der Meere erstreckte, stecke ein hilfreicher Geist: ein Gott, eine Göttin, ein Engel, eine Fee, Nymphe oder Elfe – oder ein bösartiger Geist: ein Monster, Teufel oder Dämon, der nächtens sein Unwesen trieb. In diesem animistischen Universum hielt man Bäume, Flüsse und Berge für lebendige, eigenständige Wesen mit Stimmen, genau wie sie die Menschen, Vögel oder Bären haben. Die Welt war voller Zauber.

Laurens van der Post wuchs in Afrika bei den Buschmännern auf und beschreibt in seinem wunderbaren Buch *Patterns of Renewal* deren Welt. »Der Buschmensch, der erste Mensch, lebte in außergewöhnlicher Intimität mit der Natur. Es gab keinen Ort, dem er sich nicht zugehörig fühlte … Ihm war dieses schlimme Gefühl nicht bekannt, welches das Herz des modernen Menschen so versehrt: nicht dazuzugehören, isoliert zu sein, keinen Sinn zu sehen. Wohin immer er ging, gehörte er dazu. Wir sind eine Generation, die alles kennt, aber wenige von uns haben das Leben spendende Gefühl, erkannt zu sein … Wohin immer dieser kleine Mensch ging, war er bekannt. Die Bäume kannten ihn; die Tiere kannten ihn, wie er sie kannte; die Sterne kannten ihn. Sein Verwandtschaftsgefühl war so lebhaft, dass er von ›unserem Bruder Geier‹ sprechen konnte.«

Die Geschichte der Entzauberung der Welt ist so bekannt, dass sie gar nicht mehr erzählt werden muss. Paradoxerweise war der Prozess der Säkularisierung und Entzauberung – »der Tötung des großen Gottes Pan«, wie es D. H. Lawrence nannte – das Ergebnis eines merkwürdigen Zusammenspiels von Religion und Naturwissenschaft. Die drei großen monotheistischen Religionen, die schließlich die westliche Kultur beherrschen sollten, unterdrücken nach und nach den Animismus, entheiligten die Natur und konzentrierten die Ehrfurcht auf einen transzendenten Gott. Die Welt mochte zwar von Gott geschaffen sein, aber man sollte sie nicht anbeten, sondern in Gebrauch nehmen und nutzen. Als schließlich der Natur die Geister ausgetrieben waren, ließ sich die profane Umwelt mit dem naturwissenschaftlichen Verstand analysieren und mittels technischen Genies endlos verändern. Die Entzauberung der Natur und der Triumph der naturwissenschaftlichen Methode verhalfen den Menschen zu ihrer Zuversicht und Macht, die Baumeister ihres eigenen Geschicks werden zu können.

Aber mit dem Tausch von Zauber gegen Macht ging uns ungemein viel verloren. In dem Maß, in dem das materialistische Paradigma der modernen Naturwissenschaft unsere Erfahrung prägte, wurde uns die Welt zunehmend zu einer Arena voller Probleme, die es zu lösen gilt; wir empfanden sie nicht mehr als heilige, zur Erfüllung irgendeines göttlichen Zwecks geschaffene Wohnstätte. Die entzauberte Welt lieferte uns ein Füllhorn von Gütern und Segnungen, aber sie wurde eine einsame Stätte, leer von Göttern.

Manche haben vertreten, die neue, ganzheitliche Wissenschaft gebe dem Kosmos seinen Zauber wieder. Der Philosoph und Wissenschaftler Ervin László hat darauf hingewiesen, dass die heutigen Quantenphysiker, Astronomen, Kosmologen und Biophysiker gemeinsam zu einer neuen Sicht des Kosmos als eines verwickelten Systems tendieren, das mittels wechselseitiger Verknüpfung und Interaktion in der Evolution in Richtung Kohärenz und Ganzheit begriffen sei, also eher einem lebendigen Organismus als einer Maschine gleiche. Eine solche neue Wissenschaft holt uns aus dem Gefängnis des bisherigen deterministischen, mechanistischen Universums heraus, das vom strengen Gesetz von Ursache und Wirkung beherrscht ist.

> *An der Schnittkante der heutigen Naturwissenschaft tritt eine bemerkenswerte Einsicht zutage: Das Universum mit allem, was es enthält, ist eine Art lebendiges, kohärentes Ganzes. Alles in ihm ist mit allem verknüpft ... Ein verknüpfter, kohärenter und ganzheitlicher Kosmos weckt eine alte Vorstellung, die es in der Tradition jeder Zivilisation schon einmal gab: dass der Kosmos einen Zauber an sich hat ... Wir haben aneinander und an der Natur teil. Wir sind ein bewusster Teil der Welt, sind Wesen, durch die der Kosmos zu sich selbst kommt ... Wir sind im Universum zu Hause.*
>
> Ervin László in *Science and the Reenchantment of the Cosmos*

Diese ganzheitliche naturwissenschaftliche Sicht gibt uns Grund zur Überzeugung, dass wir Bestandteile eines sinnvollen Ganzen sind. Wenn sie von entstehenden sich selbst organisierenden Systemen spricht, von Quanten-Vakuums, Leerräumen voller Potenz und einem Metaversum, das immer neue Zyklen von Universen hervorbringe, eröffnet sie damit dem freien Spiel unserer Fantasie unermessliche Räume. Das ist ein deutlicher Hinweis darauf, dass dieser Kosmos, in dem wir uns befinden, nicht nur eine Ansammlung träger Partikel voller leerem Schall ist, der nichts bedeutet. Er ist eher ein »Du« als ein »Es«. Es ist gewollt, dass wir hier sind.

Aber Verstand und Theorie allein können uns niemals aus unserem Exil wieder in unsere verzauberte Heimat zurückführen. Wollen wir das von »G.« geschaffene Vakuum füllen und wieder zu unserem Gefühl des Dazugehörens zurückfinden, so müssen wir wieder die Weisheit des Herzens erlangen. Ich weiß keinen sicheren Weg, auf dem wir wieder eine tief innerliche Verknüpfung mit der Welt, die wir bewohnen, finden können, aber an eine Faustregel halte ich mich, wenn ich mich bei meiner philosophischen Suche festfahre: Dann wende ich mich regelmäßig um und sehe zu, woher ich komme.

Wenn ich zum Beispiel die Etymologie eines Wortes untersuche, entdecke ich oft die Metapher, die auf die Erfahrung zurückweist, der dieses Wort seine Entstehung verdankt. »Verzaubert« zum Beispiel ist etwas, das magisch beeinflusst wurde und deshalb besondere Auswirkungen haben kann. Die Passiv-Form deutet darauf hin, dass das nicht etwas ist, was wir tun können, sondern was uns widerfährt: Wir *werden* verzaubert. In der Gegenwart des Heiligen überkommt uns etwas ganz Eigenartiges. Oder eine Melodie spricht uns an und bewegt uns; der Chor unserer Nachbarn – der Vögel, Insekten und anderen Tiere unseres kosmischen Gemeinwesens – und die ferne Musik der Sphären unseres Universums rühren uns an und lassen uns anders werden.

Bernie Krause hat die Welt durchschweift und alle Arten von Klanglandschaften und Gesängen der Geschöpfe aufgenommen: etwa die der Elche, Wölfe, Jaguare, Wale, Ameisen, Krabben und Heuschrecken. Sein Werk ist eine klingende Illustration dafür, wie wir von natürlichen Symphonien umgeben sind. Man braucht nur morgens früh aufzustehen, um den Chor zu hören, der in der Morgendämmerung einsetzt, um von dieser spontanen musikalischen Darbietung einer Vielzahl verschiedener Stimmen fasziniert – also »verzaubert« – zu werden.

> *Vorsätzliches Hinhören ist still und sanft ... Es schafft ein neues Verständnis, sammelt verwandte Geister um sich, menschliche und andere, die zu Entdeckungen darüber führen können, wie wir alle unsere Gegenwart bemerkbar machen. Die Welt der Geschöpfe hat Geschichten zu erzählen, über die man nur staunen kann.*
>
> Bernie Krause in *Wild Soundscapes*

Die Welt ist voll von der Musik der Lebewesen. Wir aber sind dafür weithin taub. Die Entzauberung ist eine unvermeidliche Folge unserer Unfähigkeit zum Hinhören. Wie sollten wir auch von den Stimmen unserer wilden Nachbarn verzaubert werden können, wenn wir zu zerstreut sind, zu sehr von unserem eigenen Lärmen überschwemmt, als dass wir noch hinhorchen könnten? Sogar wenn wir einmal innehalten, um einer Drossel zuzuhören, nehmen wir allzu leicht an, ihre Töne hätten keinen besonderen Sinn.

In einer heiligen Klanglandschaft kommt das Hören vor dem Verstehen, das Schweigen vor dem Sprechen. Wissenschaftler versichern mir, dass die Frösche sich mit ihrem Gequake nur untereinander verständigen. Ich weiß es besser. Ihre Chöre teilen mir mit, dass es meinen amphibischen Verwandten, die meinen Lebensraum mit mir teilen, recht gut geht. Sie bitten mich, die Wiesen zu erhalten, auf denen sie schmackhafte Grashüpfer fangen, und den Sumpfbereich, in dem sie sich allabendlich zu ihrer Chorübung treffen.

Die Wiederverzauberung beginnt, wenn wir anfangen, auf die uns umgebende wilde Musik und die Biophanien zu hören, und damit auch auf die Bitten, die sich an uns richten. Die animistische Mythologie ist ein für alle Mal vergangen, aber das, was die Verzauberung im Kern ausmacht, gibt es noch immer: die Stimmen der Lebewesen, denen wir durch die Bande der Gemeinschaft und Verpflichtung verbunden sind. Die Stimme eines obdachlosen Mitmenschen, der mich um Hilfe bittet, kann mir genauso zur Gabe und zur Aufforderung werden wie die einfache Melodie einer Drossel in der klaren Morgendämmerung. Hinter der Myriade von verschiedenen Stimmen ist es immer nur das eine Lied »Ich bin, ich bin, ich bin«, das meine Aufmerksamkeit, Wertschätzung und Hochachtung sucht.

Zwei der größten Theologen unserer Zeit, der eine Protestant, der andere Jude, erinnern uns daran, dass wir von den Stimmen anderer Lebewesen und von scheinbar zufälligen Ereignissen, die uns widerfahren, unablässig angesprochen werden.

> *Alle Dinge und alle Menschen rufen uns sozusagen mit leiser oder lauter Stimme an. Sie möchten, dass wir ihnen zuhören, ihre impliziten Wünsche verstehen, ihren Anspruch, sein zu dürfen, vernehmen ... Aber das können wir ihnen nur auf dem Weg über die Liebe, die zuhört, geben.*
>
> Paul Tillich, *Liebe – Macht – Gerechtigkeit*

Was mir widerfährt, ist Anrede an mich. Als das, was mir widerfährt, ist das Weltgeschehen Anrede an mich.

Martin Buber, *Zwiesprache*

Wollen wir der Erfahrung der Wiederverzauberung näherkommen, müssen wir einen Schritt weiter gehen, über Bubers Metapher vom Dialog zwischen Ich und Du hinaus, und auch über die Vorstellung, von einem fernen Gott angesprochen zu werden. Der große Religionshistoriker Mircea Eliade schildert eine Praxis, die ebenfalls als Metapher dafür dienen kann, uns auf dem Weg in Richtung Wiederverzauberung einen Schritt weiterzuführen. Eliade berichtet, dass die Angehörigen des australischen Eingeborenenstammes Achilpa bei ihren Wanderungen einen Stab mit sich führten, der die Weltachse darstellte und den sie überall in den Boden steckten, wo sie sich niederließen. Dieser heilige Stab sei ihnen ursprünglich vom göttlichen Wesen Numbakula geschenkt worden und er habe sie in die Lage versetzt, alles Land, das ihn umgab, organisieren und heiligen zu können. Der Besitz dieser beweglichen Weltachse habe es dem Stamm ermöglicht, überall einen Zugang zum Transzendenten zu öffnen und immer auf heiligem Boden zu bleiben, also im Zentrum der Welt. Diese Symbolik dafür, in einem geheiligten Kosmos zu leben, ist unter Eingeborenenkulturen sehr verbreitet. Bei den Hopi-Indianern gibt es die entsprechende Vorstellung, die Wirbelsäule des Menschen sei eine *axis mundi*, eine Weltachse.

Es bedarf dieser Erfahrung, im Zentrum des Kosmos zu leben, wenn man wieder den Zauber seines Alltagslebens entdecken will. Unsere Existenz ist die Immanenz und die Inkarnation des Kosmos. Wir sind der Kosmos, der für einen flüchtigen Augenblick zu Mose wird, zu Jesus, Mohammed, zum Dalai Lama, zu Barack Obama, Earl Scott, Patricia de Jong oder Sam Keen. Durch uns erfüllt der Kosmos seine geheimnisvollen Absichten und lockt uns mit einem leisen Hoffnungslied in eine Zukunft, die wir uns überhaupt noch nicht vorstellen können.

Wir zerbrechliche Geschöpfe, Atome in einem unendlichen Ozean von Lebewesen, haben unsere Gestalt im Lauf von Äonen der Evolution dank unbeschreiblich komplexer Prozesse erhalten. Und dennoch wohnt jede und jeder von uns im Zentrum des Kosmos. Alle Energien, Ströme und Intelligenzkräfte, die es jemals gab, fließen durch die Vibrationszentren (Chakras) unseres Geistes und Körpers. Es bedarf eines ganzen Universums, um einen Einstein oder ein Käuzchen zu erschaffen. Wir alle sind kosmozentrisch.

Dieses heilige Land, dieses verzauberte Gemeinwesen heiliger Lebewesen ohne Zahl ist der Ort, wohin wir gehören. Das ist der Ort, nach dem wir uns schon immer gesehnt haben.

Willkommen daheim!